Kürbis

Zucchini, Melone & Co.

Fotos und Gesamtherstellung: Naumann & Göbel Verlagsgesellschaft mbH, Köln

ISBN: 3-625-11246-9

Kürbis

Zucchini, Melone & Co.

NAUMANN & GÖBEL

Inhaltsverzeichnis

Kürbis, Zucchini & Melone

Kaum ein Gemüse ist so vielseitig wie der Kürbis. Von den Kernen bis zum Fruchtfleisch ist alles verwendbar. Auch seine Verwandten Zucchini und Melone haben ihre besonderen Vorzüge. Lassen Sie sich überraschen!

Kürbis in Mythos & Geschichte

Der Kürbis gehört zu den ältesten Kulturpflanzen – das haben archäologische Funde und Untersuchungen ergeben. Bereits vor etwa 12 000 Jahren diente der wild wachsende Kürbis den Menschen der Eiszeit als Nahrungsmittel. Die ältesten Kürbisfunde stammen aus Südamerika, vornehmlich Mexiko. Offenbar kannten unsere Vorfahren drei verschiedene Kürbissorten, darunter auch den Moschuskürbis. Kürbisse wurden jedoch nicht nur gegessen und zur Herstellung von Öl verwendet. Die ausgehöhlten Früchte wurden als Tragekörbe, Schalen, Kannen und sonstige Aufbewahrungsgefäße benutzt.
Bei den südamerikanischen Indianern galt der Kürbis als heilige Pflanze. Sie kultivierten ihn zusammen mit Bohnen und Mais, wobei die großen Kürbisblätter Schatten spendeten und so den Boden vor dem Austrocknen bewahrten.
Ureinwohner in Amerika und Afrika schnitzten Masken und Musikinstrumente, Löffel und Bojen aus Kürbissen. Mythen zufolge soll er den Indios auch als Penishalter gedient haben. Darüber hinaus wurden dem Kürbis magische und fruchtbarkeitssteigernde Kräfte zugesprochen. Nicht zuletzt durch seine große runde pralle Form und den Samenreichtum wurden Vergleiche mit der weiblichen Brust und dem Bauch schwangerer Frauen gezogen.
Auch in Griechenland und im alten Rom schätzte man den Kürbis. Doch kann es sich hierbei nur um den bereits heimischen Flaschenkürbis und Vorformen von Gurken und Melonen gehandelt haben, denn nach Europa kamen der Kürbis und seine Verwandten erst im 16. Jahrhundert durch Kolumbus, den Weltumsegler. Er „entdeckte" den Kürbis in Kuba.

Der Name „Kürbis" leitet sich ursprünglich vom lateinischen „cucurbita" ab. Im Althochdeutschen sprach man von „churbiz", später wechselten die Formen von „kürbse", „korbs" bis hin zu „kürwes" und schließlich „Kürbis".

Botanische Merkmale

Botanisch gesehen gehört der Kürbis nicht zum Gemüse, sondern ist eine Beerenfrucht, sozusagen die größte Beere überhaupt. Im Innern wachsen Fruchtfleisch und Kerne, geschützt durch eine äußerst harte und widerstandsfähige Schale.
Man unterscheidet die Sommerkürbisarten und die Winterkürbisse. Während die Sommerkürbisse bereits 2–3 Tage nach der Blüte geerntet werden, wenn Schale und Kerne noch mitgegessen werden können, sind die Winterkürbisse bei der Ernte ausgereift und haben ein trockenes und sehr faseriges Fleisch, das darüber hinaus auch süßer schmeckt als das der Sommerkürbisse.
Dementsprechend sind Sommerkürbisse nicht lange haltbar, Winterkürbisse dagegen überstehen ein paar Monate Lagerung in trockener und kühler Umgebung unbeschadet.
Kürbisse wachsen an Ranken und sind nicht sehr anspruchsvoll, was Bodenbeschaffenheit und Standort angeht. Jedoch brauchen sie pralle Sonne, um ihre wertvollen Inhaltsstoffe entfalten zu können. Die Kürbisblüten sind gelb, und gefüllt oder frittiert eine Delikatesse.

Im Kürbis steckt viel Gutes.
Man sieht es ihm nicht an, aber der Kürbis enthält eine Menge guter Dinge, wie Vitamine und Mineralstoffe. Abgesehen davon, dass das Fruchtfleisch zu fast 90 % aus Wasser besteht und Kürbisse somit die absoluten Schlankmacher sind (etwa 25 kcal, 104 kJ pro 100 g), findet sich darin eine ausgewogene Mischung an Vitaminen, Mineralstoffen und Spurenelementen zur Stärkung von Haut, Haaren, Nägeln und Nervensystem und zur Vorbeugung von Krebs und Nieren-, Blasen- bzw. Prostatabeschwerden.

In 100 g Kürbisfruchtfleisch sind durchschnittlich enthalten:

4 mg Karotinoide
(Vorstufe des Vitamin A)
12 mg Vitamin C
1 mg Vitamin E
385 mg Kalium
25 mg Kalzium
8 mg Magnesium
0,9 mg Eisen
Außerdem die Vitamine B1–B6, Folsäure, Kupfer und Phosphor

Kürbissorten

Außer in Sommer- und Winterkürbisse werden Kürbisse noch in drei große Arten unterteilt:

Riesenkürbis *(cucurbita maxima)*
Gartenkürbis *(cucurbita pepo)*
Moschuskürbis *(cucurbita moschata)*

Riesenkürbisse

Der Gelbe Zentner ist der größte Vertreter der Sorte der Riesenkürbisse. Er kann ein Gewicht von bis zu 50 kg erreichen, die meisten Früchte wiegen aber nur etwa 20–30 kg. Gelbe Zentner sind gelb bis orange und haben eine meist abgeflachte runde Form. Das Fruchtfleisch ist blass, wässrig und karotinarm. Der Riesenkürbis wird meist zum Einlegen verwendet.

Buttercup

Er gehört ebenfalls zu den Riesenkürbissen und bringt es auf ein Gewicht von bis zu 2 kg. Ebenfalls flachrund, verfügt der Buttercup jedoch über ein wesentlich wohlschmeckenderes Fruchtfleisch als der Gelbe Zentner. Der Geschmack ist leicht süß und nussig, das Fruchtfleisch dunkelgelb, die Schale dunkelgrün. Sie kann auch mitgegessen werden. Buttercups sind für alle Kürbisgerichte bestens geeignet. Sie lassen sich gut zehn Monate lagern.

Hubbard

Die Riesenkürbisart der Hubbards hat mehrere Vertreter, darunter Green Hubbard, Blue Hubbard, Golden Hubbard, True, Baby und Wanted Hubbard. Alle haben die Form einer großen Zitrone, die Farbe reicht von Orange bis zu Blaugrau. Alle haben ein festes, süß schmeckendes Fruchtfleisch und erreichen ein Gewicht von bis zu

20 kg (Blue Hubbard). Sie sind für alle Kürbisgerichte gut geeignet und können bis zu einem Jahr gelagert werden.

Türkenturban

Der Türkenturban macht seinem Namen alle Ehre. Denn die Form dieses Riesenkürbisses gleicht tatsächlich einem Turban. Dementsprechend ist diese Kürbisart auch als Zierkürbis zur Dekoration sehr beliebt. Da er jedoch auch ein äußerst aromatisches Fruchtfleisch hat, umgeben von einer sehr festen, rotgrünen Schale mit weißen Sprenkeln, hat er auch in die Küchen Einzug gehalten. Der Türkenturban kann bis zu 6 kg schwer werden und ist besonders gut zum Füllen und Rösten im Backofen geeignet. Lagerbarkeit: ca. 12 Monate.

Hokkaido

Der Hokkaido ist sicherlich der bekannteste und beliebteste der Riesenkürbisse. Das Fruchtfleisch schmeckt nussartig, fast wie Maronen, und ist oft sehr fest und leuchtend orange. Wird der Hokkaido früh geerntet, kann auch die orangefarbene Schale mitgekocht und gegessen werden. Wegen seines hohen Karotingehaltes ist dieser Kürbis auch gut geeignet für die Zubereitung von Babynahrung. Außerdem schmeckt er natürlich in allen anderen Kürbisgerichten. Ein mittelgroßer Hokkaido wiegt etwa 2,5 kg, lagern können Sie ihn bis zu fünf Monate.

Gartenkürbisse

Auch Steirischer Ölkürbis. Diese Kürbisart wird ausschließlich zur Herstellung des wertvollen Kürbiskernöls verwendet. Der runde Kopf hat eine sehr dünne Schale, im Innern befindet sich der dunkelgrüne Kern, aus dem das Öl gepresst wird. Der Ölkürbis wird bis zu 5 kg schwer, sein Fruchtfleisch wird nicht gegessen.

Spaghetti-Kürbis

Diese Kürbisart in länglicher Form und hellgelber Farbe hat die besondere Eigenschaft, dass das Fruchtfleisch beim Kochen in Fäden zerfällt, die an Spaghetti erinnern. Die Frucht wird ganz gegart und das Fruchtfleisch anschließend mit einer Gabel herausgedreht. Er wird bis zu 2 kg schwer.

Pâtisson

Dieser auch unter dem Namen Squash, Ufo oder Bischofsmütze bekannte Kürbis besticht durch seine Form. Sie ähnelt in der Tat einer „fliegenden Untertasse" oder mit ihrem gewellten Rand der Mütze eines geistlichen Ordenträgers. Den Pâtisson gibt es in den Farben Weiß, Gelb, Orange und Dunkelgrün, meist gestreift. Der Geschmack überzeugt nicht jeden, so dass er auch gerne nur als Zierkürbis verwendet wird. Mit seinem Gewicht von bis zu 500 g kommt er dieser Verwendung auch sehr entgegen.

Winterhorn

Auch diese Kürbisart erreicht nur ein Gewicht von 500 g. Dieser Kürbis ähnelt im Aussehen einer Eichel mit Rippen. Jedoch ist sein Fruchtfleisch eine Delikatesse und sehr karotinreich und daher in der Küche für alle Kürbisgerichte geeignet. Lagerbarkeit: sechs bis acht Monate.

Jack o'Lantern

Diese Kürbisart kennen alle, denn sie hat ihren großen Auftritt als „Geist" bei allen Halloween-Parties. Der Kürbis mit der genau richtigen Kopfgröße hat eine glatte gelborangefarbene Schale und wird bis zu vier Kilo schwer. Das Fleisch ist geschmacklich eher uninteressant. Lagerbarkeit: etwa 5 Monate.

Zucchini

Zucchini gehören zur Familie der Gartenkürbisse, genauer gesagt, zu den Sommerkürbissen. Ursprünglich stammt der Zucchino, so die Einzahl von Zucchini, aus Italien, und „zucca“ heißt dort der kleine Kürbis. Die Früchte werden nach ca. 2–3 Wochen, also noch unreif, geerntet und haben dann eine Größe von ca. 10 Zentimetern. Das Fruchtfleisch ist sehr wohlschmeckend und gleicht dem des Pâtisson. Das Fleisch älterer Früchte schmeckt leicht bitter und lässt sich nur noch in Suppen und Saucen einsetzen. Es gibt grüne, weiße und gelbe Zucchini. Auch die Zucchiniblüte schmeckt, gefüllt oder frittiert, sehr gut.

Moschuskürbisse

Butternut

Gehört neben dem Hokkaido zu den beliebtesten Kürbisarten. Die birnenförmigen, hellgelben Früchte schmecken außergewöhnlich gut und lassen sich auch einfach zubereiten. Die Unterart Tahitian hat einen sehr süßen fruchtigen und saftigen Geschmack und wird daher auch gerne roh als Salat gegessen. Butternuts sind sehr ergiebig, da die etwa 2 kg schweren Früchte kaum Kerne haben. Sie sind sehr haltbar: bis zu 2 Jahre.

Muscade de Provence

Hier haben wir es mit einem großen Exemplar zu tun, denn der provençalische Muskatkürbis kann bis zu 20 kg schwer werden. Die Früchte mit einer dunkelgrünen bis bronzefarbenen Schale haben eine flache, runde Form und regelmäßige Rippen. Das Fruchtfleisch schmeckt leicht süß mit einem Muskataroma. Daher wird der Muscade de Provence gerne zur Bereitung von Brotaufstrichen, Süßspeisen und Kuchen verwendet. Außerdem kann man in ihm sehr gut eine Kürbissuppe servieren.

Kürbiskerne und Kürbiskernöl

Kürbiskerne enthalten wie das Kürbisfruchtfleisch einen großen Anteil an lebenswichtigen Stoffen, wie zum Beispiel Magnesium, Kupfer, Eisen, Kalium und Zink. Kürbiskerne sind zwar wie alle Nüsse und Kerne sehr fetthaltig und daher auch nahrhaft, doch es handelt

sich dabei um vorwiegend ungesättigte Fettsäuren, die im Stoffwechsel des Körpers entscheidende Funktionen übernehmen, u. a. auch zum Abbau des schädlichen HDL-Cholesterins. Außerdem braucht der Körper die in den Kernen enthaltenen Enzyme und Fette zur Umwandlung des Karotinoids in Vitamin A. Kürbiskerne sollten demnach ebenfalls zu einer regelmäßigen Einrichtung auf dem Speisezettel werden.

- Werden Sie in einer Pfanne ohne Fett angeröstet, bekommen sie ein nussartiges Aroma und schmecken als Zutat zu Salaten und Suppen.
- Gehackt oder gemahlen können sie für Kuchen und Gebäck verwendet werden.
- Auch als Snack zwischendurch sind Kürbiskerne empfehlenswert. Sie sind eine wertvolle Ergänzung der Nahrung und als Ersatz für ungesunde Süßigkeiten willkommen. Bewahren Sie Kürbiskerne trocken und unzerkleinert auf. Dann sind sie etwa ein Jahr haltbar. Alte Kerne schmecken ranzig.

In der Naturheilkunde wird der Verzehr von Kürbiskernen bei Nieren- und Blasenschwäche empfohlen.

Das **Kürbiskernöl** erkennt man an seiner dunklen Farbe und dem sehr intensiven nussartigen Geschmack. Es sollte daher nur sparsam verwendet werden.

- Das Öl eignet sich zum Anreichern von Salatsaucen, Verfeinern von Suppen und Dips und zum Einlegen von Gemüse und Fleisch.
- Für eine Salatsauce sollte es mit mildem Essig verwendet werden.
- Kürbiskernöl ist nicht zum Backen und Braten geeignet. Es verliert dabei zu viel von seinem intensiven Aroma. Das Öl sollte dunkel und vor Sonneneinstrahlung geschützt aufbewahrt werden. Kürbiskernöl wird auch in der Schönheitspflege eingesetzt zum Schutz der Haut vor Austrocknen, bei Schuppen und Juckreiz und zur Vorbeugung von Falten.

Melone

Auch die Melone ist eindeutig eine Vertreterin der Kürbisgewächse. Wie diese wächst sie an kriechenden Ranken. Sie stammt vermutlich aus Afrika oder Indien und erfreut sich seit etwa 400 Jahren auch zunehmender Beliebtheit in Europa. Melonen werden unterteilt in Zucker- und Wassermelonen. Alle bekannten Melonenarten stammen von diesen beiden Gruppen ab.

Die Wassermelone wird vermutlich seit mehr als 4000 Jahren kultiviert. In Dürrezeiten diente sie den Menschen in der Wüste als Wasserspeicher. Kein Wunder, denn ihr Fruchtfleisch besteht zu 95 % aus Wasser. Diese Melonen werden bis zu 15 kg schwer und haben eine dunkel- bis hellgrün gefärbte Schale. Das Fruchtfleisch ist rot und enthält sehr viele kleine Samenkerne. Es schmeckt außerdem sehr süß. Wassermelonen sollten stets reif gegessen werden, da sie in unreifem Zustand nicht genießbar sind. Die Kerne der Wassermelone können geröstet gegessen werden. Sie haben eine abführende und Blasen stärkende Wirkung.

Neben der Wassermelone gibt es die Honig- oder Zuckermelone. Auch sie wurde bereits im alten Ägypten angebaut, heute sind die Tropen das Hauptanbaugebiet für Honigmelonen. Botanisch werden etwa acht verschiedene Zuckermelonenarten unterschieden, darunter die Netzmelone, die sich durch eine netzförmige Schale auszeichnet, und die Cantaloupemelone, deren Schale leicht gerillt ist und kleine Warzen aufweist. Die Schale der Ananasmelone ist glatt. Außerdem gibt es noch Züchtungen wie die Galia- oder die Ogenmelone. Das Fruchtfleisch aller Honigmelonenarten ist zwischen gelb, rötlich, weiß und grün und schmeckt je nach Sorte mehr oder weniger aromatisch. Alle Melonenarten werden reif als Zutat für Süßspeisen, Fruchtsalate und Suppen verwendet, in unreifem Zustand können sie gekocht und eingelegt werden.

Suppen & Vorspeisen

Suppen und Vorspeisen sind die klassischen Gerichte, bei denen Kürbis, Zucchini und Melone eingesetzt werden. Entsprechend vielfältig ist die Auswahl der Rezepte.

Kürbis-Apfel-Creme

Für 4 Portionen:

800 g Kürbis
2 Karotten
1 kleine Zwiebel
2 El Pflanzenöl
250 ml Gemüsebrühe
125 ml naturtrüber Apfelsaft
1/2 El frisch gehackter Thymian
Salz
Frisch gemahlener Pfeffer
125 ml Sahne
gehackte Kürbiskerne zum Garnieren

So wird's gemacht:

1 Kürbis waschen, schälen, Kerne und faserige Innenteile entfernen und das Fruchtfleisch würfeln. Karotten waschen, schälen und würfeln. Zwiebel schälen und würfeln.

2 Das Öl in einem großen Topf erhitzen und die Zwiebelwürfel darin glasig dünsten. Kürbis- und Karottenwürfel hinzufügen und kurz mitschmoren. Gemüsebrühe, Apfelsaft und die Gewürze dazugeben und die Suppe bei mittlerer Hitze ca. 20 Minuten köcheln lassen. Gelegentlich umrühren.

3 Kurz abkühlen lassen, dann die Sahne unterrühren und alles mit dem Pürierstab zu einer cremigen Konsistenz pürieren. Mit gehackten Kürbiskernen bestreut servieren.

Zubereitungszeit: ca. 25 Minuten (plus Kochzeit)
ca. 223 kcal / 938 kJ
6 g E • 14 g F • 18 g KH

Zucchini-Minze-Suppe

Für 4 Portionen:

1 Zwiebel
1 Knoblauchzehe
3 mittelgroße Zucchini
1 große Kartoffel
850 ml Gemüsebrühe
1 El frisch gehackte Minze
Schwarzer Pfeffer
150 ml Naturjoghurt
Minzeblättchen zum Garnieren

So wird's gemacht:

1 Die Zwiebel und den Knoblauch schälen, die Zwiebel fein hacken, den Knoblauch durch die Presse drücken. Zucchini putzen, waschen und reiben. Die Kartoffel schälen und in Würfel schneiden.

2 Die Hälfte der Gemüsebrühe in einem Topf erhitzen, die Zwiebel und den Knoblauch dazugeben und alles ca. 15 Minuten bei mittlerer Hitze kochen, bis die Zwiebel weich ist.

3 Dann Zucchini, Kartoffelwürfel und restliche Brühe zufügen. Minze dazugeben und alles so lange kochen, bis die Kartoffel weich ist.

4 Die Suppe kurz abkühlen lassen, dann mit dem Pürierstab oder im Mixer ca. 10 Minuten pürieren. Die Suppe in eine Schüssel füllen, würzen und den Joghurt einrühren.

5 Vor dem Servieren mit Minzeblättchen garnieren. Dazu warmes Brot oder Croûtons reichen.

Tipp:
Die Zucchini-Minze-Suppe kann heiß oder kalt gegessen werden. Dazu die Suppe nach dem Kochen ca. 2 Stunden kühl stellen. Erst dann den Joghurt dazugeben.

Zubereitungszeit: ca. 20 Minuten
(plus Kochzeit)
ca. 128 kcal / 539 kJ
5 g E • 6 g F • 13 g KH

Kürbissuppe mit Parmesan

Für 6 Portionen

1 festfleischiger Kürbis (ca. 1 kg)
9 große Tomaten
2 Zwiebeln
4 Knoblauchzehen
5–6 Rosmarinzweige
Salz
Pfeffer
5–6 El Olivenöl
650 ml Gemüsebrühe
Parmesan

So wird's gemacht:

1 Den Backofen auf 220 °C (Umluft 200 °C) vorheizen.

2 Kürbis und Tomaten putzen und waschen. Kürbis halbieren, entkernen und in große Stücke schneiden. Zwiebeln und Knoblauch schälen. Rosmarin waschen und trockentupfen.

3 Das Gemüse und die Rosmarinzweige in einen Bräter legen. Mit Salz und Pfeffer würzen und mit Olivenöl beträufeln. Den Bräter in den Ofen geben und alles ca. 45 Minuten rösten.

4 Den Bräter aus dem Ofen nehmen und alles abkühlen lassen.

5 Nach dem Abkühlen das Kürbisfleisch aus der Schale lösen, die Tomaten häuten und vom Stielansatz befreien. Das Gemüse sowie den Knoblauch in einen Topf geben und pürieren. Die Gemüsebrühe dazugeben und alles gut durchrühren.

6 Die Kürbissuppe in einen Topf geben und erhitzen, aber nicht kochen lassen.

7 Die Kürbissuppe auf Teller verteilen und mit etwas geraspeltem Parmesan bestreut servieren.

Zubereitungszeit: ca. 15 Minuten (plus Koch- und Backzeit)
ca. 308 kcal / 1292 kJ
7 g E • 22 g F • 19 g KH

1 Den Kürbis in große Stücke schneiden.

2 Mit Olivenöl beträufeln.

3 Kürbisfleisch aus der Schale lösen.

4 Gemüsebrühe zum Püree hinzufügen und gut durchrühren.

Cremige Melonensuppe

Für 4 Portionen:

350 g Kartoffeln
Salz
1 reife Honigmelone (ca. 400 g)
1/2 l Milch
1 1/2 El Butter
Frisch gemahlener Pfeffer
3 Eigelbe
4 El Crème fraîche
Pfefferminzblätter zum Garnieren

So wird's gemacht:

1 Kartoffeln schälen, waschen, würfeln und in Salzwasser weich kochen. Die Melone halbieren und mit einem Löffel die Kerne entfernen. Melone schälen und das Fruchtfleisch klein schneiden.

2 Kartoffeln abgießen, kurz abkühlen lassen und mit dem Melonenfruchtfleisch pürieren. 160 ml Milch unter das Püree rühren.

3 Die Butter in einem Topf erhitzen und die restliche Milch leicht erwärmen. Das Püree mit der Milch verrühren und die Suppe bei schwacher Hitze ca. 5 Minuten köcheln lassen. Mit den Gewürzen abschmecken.

4 Die Eigelbe schaumig schlagen. Zur Suppe geben und unter Rühren erneut erhitzen, aber nicht aufkochen. Die Suppe auf vier Suppentassen verteilen und mit je einem Klecks Crème fraîche und Pfefferminzblättchen garniert servieren.

Zubereitungszeit: ca. 20 Minuten
(plus Kochzeit)
ca. 250 kcal / 1050 kJ
9 g E • 15 g F • 19 g KH

Melonensuppe mit Pesto

Für 4 Portionen:

2 kleine Honig- oder Galiamelonen (ca. 1000 g)
1 milde grüne Peperoni
3 El Pesto (aus dem Glas)
Salz
Frisch gemahlener Pfeffer
Zitronensaft
Basilikumblätter zum Garnieren

So wird's gemacht:

1 Die Melonen halbieren und schälen. Mit dem Kugelausstecher ca. 20 Kugeln ausstechen und beiseite stellen. Das restliche Melonenfruchtfleisch würfeln und im Mixer pürieren.

2 Die Peperoni putzen, waschen und fein hacken.

3 Melonenwürfel, Peperoni, Pesto, Salz und Pfeffer mit dem Mixer oder in der Küchenmaschine gut durchrühren und mit dem Zitronensaft abschmecken.

4 Die Suppe ca. 2 Stunden kühl stellen. Danach auf vier Suppenteller verteilen und mit je 5 Melonenkugeln und Basilikumblättchen garniert servieren.

Tipp:
Diese kalte Suppe schmeckt im Sommer herrlich erfrischend. Sie kann schon am Vortag zubereitet werden.

Zubereitungszeit: ca. 15 Minuten
(plus Kühlzeit)
ca. 210 kcal / 880 kJ
3 g E • 16 g F • 14 g KH

Kürbis-Pesto-Ecken

Für 4 Portionen:

1 Paket Blätterteig (TK)
2 Knoblauchzehen
1 Bund Koriander
100 g Pinienkerne
100 g Parmesan
80 ml Olivenöl
Etwas Gemüsebrühe
500 g Kürbisfleisch
Salz, Pfeffer
1 Ei

So wird's gemacht:

1 Den Blätterteig auftauen lassen. Inzwischen die Knoblauchzehen schälen und fein hacken. Koriander waschen, trockenschütteln, die Blättchen von den Stielen zupfen und ebenfalls fein hacken. Die Pinienkerne hacken. Den Käse reiben.

2 Alle Pesto-Zutaten zusammen mit dem Olivenöl im Mixer pürieren. Eventuell etwas Gemüsebrühe zugeben, wenn die Masse zu fest ist. Sie sollte eine geschmeidige Konsistenz haben.

3 Den Backofen auf 200 °C (Umluft 180 °C) vorheizen. Das Kürbisfleisch grob raspeln. Raspel in eine Schüssel geben und mit dem Korianderpesto mischen. Alles mit Salz und Pfeffer würzen.

4 Die Blätterteigplatten halbieren und die Ränder mit verquirltem Ei bestreichen. Auf jede Blätterteighälfte etwas Kürbismasse geben und zu einem Dreieck zusammenfalten. Die Ränder gut andrücken. Mit restlichem Ei bestreichen.

5 Die Kürbisecken auf ein mit Backpapier ausgelegtes Backblech legen und im Ofen ca. 20 Minuten goldbraun backen.

6 Die Kürbisecken aus dem Ofen nehmen, anrichten und warm servieren.

Zubereitungszeit: ca. 20 Minuten (plus Backzeit)
ca. 575 kcal / 2415 kJ
18 g E • 50 g F • 16 g KH

Kürbistörtchen

Für 4–6 Portionen:

375 g Mehl
200 g Margarine
2 Eier
1/2 Tl Salz
150 g Kürbisfleisch
150 g Frischkäse mir Kräutern
2 Eier
Frisch gemahlener Pfeffer
4–5 Tomaten

So wird's gemacht:

1 Das Mehl in eine Schüssel sieben, in die Mitte eine Mulde drücken und die Margarine in Flöckchen hineingeben. Eier und Salz hinzufügen und die Masse mit den Knethaken des Rührgeräts vermengen. Anschließend die Masse auf einer bemehlten Arbeitsfläche nochmals zu einem glatten Teig verkneten. In Folie wickeln und ca. 60 Minuten ruhen lassen.

2 Den Backofen auf 200 °C (Umluft 180 °C) vorheizen. Das Kürbisfleisch entkernen und die Innenfasern entfernen. Kürbisfleisch würfeln, in wenig Salzwasser weich kochen und anschließend mit Frischkäse und Eiern pürieren. Das Püree mit Salz und Pfeffer abschmecken. Die Tomaten waschen, die Stielansätzen entfernen und die Tomaten in Scheiben schneiden.

3 Den Teig auf einer bemehlten Arbeitsfläche ausrollen und mit einem großen Glas Kreise von ca. 12 cm Ø ausstechen. Die Kreise in gefettete Förmchen legen, andrücken und mit dem Kürbispüree bestreichen. Jedes Törtchen mit einer Tomatenscheibe belegen und im Ofen ca. 15 Minuten backen.

4 Die Törtchen aus dem Ofen nehmen, auf Teller anrichten und sofort servieren.

Tipp:
Nehmen Sie für diese Törtchen eine Kürbissorte, die nicht zu saftig ist, wie zum Beispiel Hokkaido. Diese Kürbisart kann auch mit Schale verzehrt werden.

Zubereitungszeit: ca. 20 Minuten
(plus Ruhe- und Backzeit)
ca. 883 kcal / 3707 kJ
22 g E • 57 g F • 7 g KH

Kürbiscreme mit Pistazien

Für 4 Portionen:

700 g Hokkaido-Kürbis
Salz
Frisch gemahlener Pfeffer
Olivenöl
2 Knoblauchzehen
1 rote Chili
40 g Pistazien
4 El Frischkäse

So wird's gemacht:

1 Den Backofen auf 220 °C (Umluft 200 °C) vorheizen. Den Kürbis putzen, waschen und trockenreiben. Halbieren, Kerne und weiße Innenfasern entfernen und das Kürbisfleisch in Würfel schneiden. Die Würfel in eine Auflaufform legen, salzen, pfeffern und mit Olivenöl überziehen. Im Backofen ca. 40 Minuten backen.

2 Inzwischen den Knoblauch schälen und zerdrücken. Die Chili putzen, waschen, entkernen und fein hacken. Die Pistazien fein hacken. Den Kürbis abkühlen lassen und mit der Schale durch die Kartoffelpresse drücken.

3 Kürbismus mit Frischkäse, Knoblauch und Chili mischen und anschließend die Pistazien unterrühren. Die Creme ca. 30 Minuten an einem kühlen Ort durchziehen lassen.

4 Als Appetizer zu frischem Baguette oder Toast reichen.

Zubereitungszeit: ca. 20 Minuten
(plus Back- und Kühlzeit)
ca. 152 kcal / 637 kJ
5 g E • 10 g F • 10 g KH

Melone mit Vinaigrette

Für 4 Portionen:

1/2 Cantaloupe-Melone
1/2 Salatgurke
3 Tomaten
3 El frisch gehackte Minze
Salz
3 El Olivenöl
2 El weißer Aceto balsamico
1/2 Tl gemahlener Kreuzkümmel
Minze zum Garnieren

So wird's gemacht:

1 Die Melone entkernen und mit einem Kugelausstecher das Fruchtfleisch herausholen. Die Gurke schälen und in kleine Würfel schneiden. Die Tomaten mit kochendem Wasser übergießen, häuten und entkernen. Tomaten in Würfel schneiden.

2 Melonenkugeln, Gurken- und Tomatenwürfel in eine Schüssel geben, etwas Salz und 2 Esslöffel Minze darunter mischen und alles einige Minuten durchziehen lassen.

3 Inzwischen aus Öl, Aceto, restlicher Minze, Kreuzkümmel und Salz eine Vinaigrette herstellen. Über die Melonenmischung gießen und alles weitere 30 Minuten ziehen lassen.

4 Melonen anrichten und mit Minze garniert servieren.

Zubereitungszeit: ca. 15 Minuten
(plus Zeit zum Marinieren)
ca. 102 kcal / 426 kJ
1 g E • 9 g F • 3 g KH

Snacks & Beilagen

Von Salaten über Spieße bis hin zu Spätzle – auch bei den Snacks und Beilagen können Kürbis und Zucchini mithalten. Probieren Sie zum Beispiel Chili-Kürbis-Puffer!

Gelber Zucchinisalat

Für 4 Portionen:

3–4 gelbe Zucchini (ca. 750 g)
125 ml trockener Weißwein
125 ml milder Essig
1 El Meersalz
2 Knoblauchzehen
2 El Rotweinessig
4 El Olivenöl
Geriebene Schale von 1 Limette
24 Blättchen Minze
1/2 Tl Oregano
Salz
Frisch gemahlener Pfeffer

So wird's gemacht:

1 Die Zucchini putzen, waschen und in ca. 1,5 cm dicke Scheiben schneiden. Weißwein, Essig und ca. 500 ml Wasser in einem Topf zum Kochen bringen. Das Meersalz zufügen und die Zucchinischeiben darin ca. 3 Minuten unter Rühren garen. Aus dem Topf nehmen und abtropfen lassen.

2 Die Knoblauchzehen schälen und zerdrücken. Aus Knoblauch, Rotweinessig, Öl, Limettenschale, Minze, Oregano und den Gewürzen eine Salatsauce zubereiten. Kräftig abschmecken mit Salz und Pfeffer.

3 Die Zucchinischeiben mit der Salatsauce gut verrühren. Den Salat 30 Minuten ziehen lassen. Dann anrichten und servieren.

Zubereitungszeit: ca. 15 Minuten (plus Koch- und Marinierzeit)
ca. 69 kcal / 290 kJ
3 g E • 1 g F • 6 g KH

Marinierte Zucchinischeiben

Für 4 Portionen

4 Zucchini
Saft von 2 Zitronen
Salz, schwarzer Pfeffer
100 g Mehl
Olivenöl
1 Zwiebel
2 Knoblauchzehen
150 ml Gemüsebrühe
150 ml Aceto balsamico
150 ml trockener Weißwein
1 Tl grüne Pfefferkörner
1/2 Tl frisch gehacktes Basilikum
1/2 Tl frisch gehacktes Oregano
1/2 Bund gehackte
Zitronenmelisse
1/2 Bund gehackte Petersilie

So wird's gemacht:

1 Die Zucchini putzen, waschen und längs in Scheiben schneiden. Die Scheiben sofort mit Zitronensaft, Salz und Pfeffer würzen.

2 Das Mehl auf einen Teller geben und die Zucchinischeiben darin wenden.

3 Die Zucchinischeiben im heißen Olivenöl goldgelb braten, herausnehmen und auf Küchenpapier abtropfen lassen. Danach die Zucchinischeiben in eine große Auflaufform legen.

4 Zwiebel und Knoblauchzehen schälen und fein hacken. Im verbliebenen Öl kurz andünsten. Gemüsebrühe, Aceto sowie Weißwein hinzufügen und alles aufkochen lassen.

5 Die Pfefferkörner sowie die Kräuter einrühren und die heiße Marinade über die Zucchinischeiben gießen.

6 Die Auflaufform abdecken und die Zucchinischeiben ca. 20 Minuten an einem kühlen Ort marinieren lassen.

Zubereitungszeit: ca. 25 Minuten
(plus Zeit zum Marinieren)
ca. 192 kcal / 806 kJ
8 g E • 4 g F • 24 g KH

Kürbis süß-sauer

Für 5–6 Gläser à 250 ml

300 g getrocknete Pflaumen
250 ml Armagnac
1 Stück Ingwerknolle (ca. 20 g)
750 g kleine Zwiebeln
1 Kürbis (ca. 1,2 kg)
375 ml Weißwein
375 ml Weißweinessig
500 g flüssiger Honig
5 Lorbeerblätter

So wird's gemacht:

1 Die Trockenpflaumen mit dem Armagnac übergießen und abgedeckt über Nacht ziehen lassen.

2 Den Ingwer schälen und in dünne Scheiben schneiden. Die Zwiebeln schälen. Den Kürbis schälen, Kerne und weiße Innenfasern entfernen und Fruchtfleisch würfeln.

3 Weißwein, Essig, Honig, Lorbeerblätter und Ingwerscheiben in einem Topf aufkochen, die Zwiebeln darin ca. 20 Minuten bei kleiner Hitze köcheln lassen. Dann mit einer Schaumkelle herausnehmen und beiseite stellen.

4 Die Kürbiswürfel in den Sud geben und ca. 5 Minuten glasig werden lassen. Bei großen Mengen den Kürbis portionsweise kochen.

5 Kürbis, Zwiebeln und Pflaumen in gespülte Gläser schichten. Den Armagnac in den Sud rühren und in die Gläser füllen. Die Gläser verschließen und den Kürbis ca. 1 Woche gut durchziehen lassen.

Tipp:
Der eingelegte Kürbis hält sich 4–6 Monate an einem kühlen Ort.

Zubereitungszeit: ca. 20 Minuten (plus Einweich- und Kochzeit)
ca. 935 kcal / 3927 kJ
10 g E • 2 g F • 163 g KH

Gewürz-Kürbis

Für ca. 4 Gläser à 250 ml

1 Kürbis (ca. 1,5 kg)
1 l Weißweinessig
500 g Zucker
1 Stange Zimt
4 Gewürznelken

So wird's gemacht:

1 Den Kürbis schälen, entkernen und die Innenfasern entfernen. Das Fruchtfleisch in Würfel schneiden.

2 Essig mit Zucker, Zimt und Gewürznelken in einem großen Topf kochen, bis sich der Zucker aufgelöst hat. Die Kürbiswürfel hinzufügen und in dem Sud glasig, aber nicht zu weich kochen. Mit der Schaumkelle herausholen und abtropfen lassen.

3 Die Kürbiswürfel in gespülte Gläser schichten. Den kochenden Sud darüber gießen. Die Gläser abdecken.

4 Am nächsten Tag den Sud abgießen und nochmals aufkochen lassen. Abgekühlt erneut über den Kürbis gießen. Die Gläser verschließen und kühl aufbewahren.

5 Dieser Gewürzkürbis passt zu Schweine- oder Lammbraten.

Tipp:
Statt Zimt und Nelken können Sie den Kürbis auch mit 1–2 Vanilleschoten, 750 g Zucker und 100 g geschälten Mandeln einkochen.

Zubereitungszeit: ca. 15 Minuten (plus Kochzeit)
ca. 658 kcal / 2762 kJ
6 g E • 1 g F • 144 g KH

Kürbissoufflé

Für 4 Portionen:

1 Kürbis (ca. 700 g)
250 ml Milch
2 El Maisgrieß
3 Eier
Salz
Pfeffer
Muskatnuss
100 g frisch geriebener Cheddar

So wird's gemacht:

1 Kürbis waschen, schälen, Kerne und weiße Innenfasern entfernen. Kürbisfruchtfleisch würfeln und in Salzwasser ca. 20 Minuten gar kochen. Den gekochten Kürbis im Mixer oder mit dem Pürierstab pürieren. Den Backofen auf 210 °C (Umluft 190 °C) vorheizen.

2 Die Milch erhitzen und den Maisgrieß einrühren. Etwa 10 Minuten bei schwacher Hitze quellen lassen.

3 Inzwischen die Eier trennen, die Eiweiße zu steifem Schnee schlagen. Grieß vom Herd nehmen, Eigelbe und Gewürze unterrühren, anschließend das Kürbispüree unter die Masse mischen.

4 Die Kürbismasse mit dem Käse verfeinern und den Eischnee mit einer Gabel unterheben. Das Soufflé in eine gefettete Souffléform oder vier kleine Förmchen geben. Im Backofen ca. 30 Minuten backen, bis das Soufflé aufgeht.

Zubereitungszeit: ca. 20 Minuten (plus Koch- und Backzeit)
ca. 268 kcal / 1124 kJ
17 g E • 16 g F • 14 g KH

Kürbis-Kartoffel-Plätzchen

Für 4 Portionen:

500 g Kartoffeln
1 kleiner Kürbis (ca. 500 g)
Salz
2 Eier
30 g Mehl
125 ml Sonnenblumenöl
Zitronenmelisse zum Garnieren

So wird's gemacht:

1 Die Kartoffeln schälen und waschen. Den Kürbis waschen, schälen, Kerne und weiße Innenfasern herausholen. Kartoffeln und Kürbis in der Küchenmaschine reiben.

2 Die Gemüseraspel mit Salz, Eiern und Mehl zu einem glatten Teig verrühren.

3 Das Öl in einer Pfanne erhitzen und esslöffelweise Teig hineingeben und flach drücken. Nacheinander kleine goldbraune Plätzchen ausbacken.

4 Die Kürbis-Kartoffel-Plätzchen aus der Pfanne nehmen und auf Küchenkrepp gut abtropfen lassen.

5 Die Kürbis-Kartoffel-Plätzchen auf Teller anrichten und mit Zitronenmelisse garniert servieren.

6 Dazu schmeckt Apfelmus oder frischer grüner Salat.

Zubereitungszeit: ca. 20 Minuten (plus Bratzeit)
ca. 470 kcal / 1974 kJ
9 g E • 1 g F • 30 g KH

Kürbispüree

Für 4–6 Portionen:

1 kg Kürbisfleisch
100 ml Crème fraîche
3 El Kürbiskernöl
Salz
Frische Kräuter zum Garnieren

So wird's gemacht:

1 Den Kürbis ggf. schälen, Kerne und Innenfasern entfernen und das Fruchtfleisch in Würfel schneiden.

2 Die Kürbiswürfel im Siebeinsatz eines Dampfkochtopfes über kochendem Wasser ca. 20 Minuten dämpfen. Das Kürbisfleisch sollte sehr weich sein.

3 Die Kürbiswürfel in ein Sieb geben, abtropfen und abkühlen lassen. Anschließend im Mixer oder mit dem Pürierstab pürieren. Während des Pürierens die Crème fraîche und nach und nach das Öl dazugeben und gut verrühren.

4 Das Kürbispüree im Wasserbad oder im Dampfkochtopf erneut erhitzen und servieren.

Tipp:
Kürbispüree schmeckt zu gebratenem Fleisch und Geflügel.

Zubereitungszeit: ca. 15 Minuten (plus Kochzeit)
ca. 178 kcal / 749 kJ
4 g E • 13 g F • 12 g KH

Zucchini-Omelett

Für 4 Portionen

3 kleine Zucchini (ca. 250 g)
2 Frühlingszwiebeln
2 El Butter
8 Eier
Salz
Frisch gemahlener Pfeffer

So wird's gemacht:

1 Zucchini putzen, waschen und die Stängelansätze entfernen. Zucchini grob raspeln und in einem Tuch die Flüssigkeit ausdrücken.

2 Die Frühlingszwiebeln waschen und in feine Ringe schneiden. Die Butter in einer Pfanne erhitzen und die Frühlingszwiebeln darin andünsten. Die Zucchiniraspel dazugeben und alles ca. 6 Minuten unter Rühren dünsten.

3 Die Eier verquirlen, würzen und in die Pfanne geben. Pfanne abdecken und die Masse bei mittlerer Hitze stocken lassen. Ist die Unterseite fest, das Omlett vorsichtig auf einen Teller geben und mit der anderen Seite nach unten wieder zurück in die Pfanne gleiten lassen. Zweite Seite fertig braten und das Zucchini-Omelett auf vorgewärmte Teller anrichten. Dazu schmeckt frischer Tomatensalat.

Zubereitungszeit: ca. 15 Minuten (plus Bratzeit)
ca. 232 kcal / 972 kJ
17 g E • 16 g F • 4 g KH

Chili-Kürbis-Puffer

Für 4 Portionen

500 g Kürbisfleisch
1 rote Chilischote
250 g Dinkelmehl
1 P. Backpulver
Je 1/2 Tl Salz und Zucker
Olivenöl

So wird's gemacht:

1 Kürbisfleisch schälen und grob raspeln. Chilischote putzen, waschen, entkernen und fein hacken.

2 Mehl, Backpulver, Salz und Zucker mischen, 200 ml Wasser dazugießen und alles zu einem glatten Teig verarbeiten. Kürbisraspel und Chili unter den Teig mischen.

3 Das Olivenöl erhitzen. Mit einem Löffel einzelne Teigportionen abstechen und im Öl zu goldgelben Puffern ausbacken. Die Chili-Kürbis-Puffer auf Küchenpapier abtropfen lassen und noch heiß mit Apfel-Kürbis-Chutney oder einer anderen pikanten Sauce servieren.

Zubereitungszeit: ca. 25 Minuten
(plus Ausbackzeit)
ca. 270 kcal / 1134 kJ
8 g E • 2 g F • 54 g KH

1 200 ml Wasser zur Mehlmischung geben.

2 Die Kürbisraspel unter den Teig mischen.

3 Die Kürbis-Puffer im Olivenöl goldgelb ausbacken.

4 Die Kürbis-Puffer auf Küchenkrepp abtropfen lassen.

Zucchini-Spieße mit Tofu

Für 4 Portionen:

200 g Tofu (Sojaquark)
Je 1 kleine rote und gelbe Paprikaschote
120 g kleine Steinpilzchampignons
1 kleine Zucchini
Saft und abgeriebene Schale von 1 unbehandelten Zitrone
3 El Olivenöl
3 El frisch gehackte Petersilie
1/2 Tl Zucker
Salz
Pfeffer
Holzspieße

So wird's gemacht:

1 Tofu würfeln. Paprika putzen, waschen, entkernen und in kleine Stücke schneiden. Champignons feucht abreiben. Zucchini putzen, waschen und in ca. 1 cm dicke Scheiben schneiden.

2 Tofu, Pilze und Gemüse abwechselnd auf Holzspieße stecken.

3 Zitronenschale, -saft, Olivenöl, Petersilie und Zucker mischen und mit Salz und Pfeffer abschmecken. Die Spieße mit der Marinade bestreichen und 10 Minuten ziehen lassen.

4 Inzwischen den Grill vorheizen. Die Spieße darunter legen und goldbraun rösten. Regelmäßig wenden und mit der Zitronenmarinade bestreichen.

5 Die Spieße auf Teller anrichten und sofort servieren.

Zubereitungszeit: ca. 30 Minuten (plus Marinier- und Grillzeit)
ca. 140 kcal / 586 kJ
10 g E • 9 g F • 5 g KH

Kürbis-Tomaten-Spieße

Für 4 Portionen:

1 Knoblauchzehe
3 El Olivenöl
1 El gehackte Rosmarinnadeln
1 El Aceto Balsamico
Salz
Frisch gemahlener Pfeffer
300 g Kürbisfleisch
6 Scheiben Parmaschinken
12 Cherrytomaten
2 El frisch geriebener Parmesan

So wird's gemacht:

1 Knoblauch schälen und zerdrücken. Mit Öl, Rosmarin und Aceto zu einer Marinade verrühren und mit Salz und Pfeffer würzen.

2 Den Kürbis schälen und in 16 gleich große Würfel schneiden. Kürbiswürfel in der Marinade ca. 30 Minuten ziehen lassen. Inzwischen den Grill auf höchster Stufe vorheizen.

3 Schinkenscheiben halbieren und jede Hälfte zusammenrollen. Tomaten waschen und trocknen. Kürbisstücke aus der Marinade nehmen. Kürbis, Tomaten und Schinkenröllchen abwechselnd auf vier Holzspieße stecken und ca 8–10 Minuten grillen. Zwischendurch mit Marinade bestreichen.

4 Die heißen Spieße mit Parmesan bestreuen und servieren. Dazu schmecken grüner Salat und frisches Baguette.

Zubereitungszeit: ca. 35 Minuten (plus Marinier- und Grillzeit))
ca. 92 kcal / 386 kJ
7 g E • 4 g F • 6 g KH

Kürbis-Spätzle

Für 4 Portionen:

1 Kürbis (ca. 600 g)
Salz
175 g Mehl
2 Eier
2 El Öl

So wird's gemacht:

1 Kürbis schälen, entkernen, die Innenfasern entfernen und in mundgerechte Würfel schneiden. In Salzwasser ca. 10 Minuten garen.

2 Die Kürbiswürfel in ein Sieb geben und gut abtropfen lassen. Anschließend mit dem Pürierstab pürieren.

3 Kürbispüree mit Mehl, Eiern, Salz und Öl zu einem geschmeidigen Teig verarbeiten. Der Teig ist fertig, wenn er Blasen wirft. Dann ca. 10 Minuten abgedeckt ruhen lassen.

4 In einem großen Topf Salzwasser erhitzen. Den Spätzleteig entweder durch die Spätzlepresse drücken oder auf ein angefeuchtetes Holzbrett geben und mit einem Messer dünne Streifen abschaben. Spätzle im kochenden Wasser garen, bis sie oben schwimmen. Mit einer Schaumkelle herausheben und gut abtropfen lassen. Dann auf Teller anrichten und sofort servieren.

Zubereitungszeit: ca. 30 Minuten
(plus Ruhe- und Garzeit)
ca. 226 kcal / 947 kJ
9 g E • 6 g F • 33 g KH

Zucchinisalat mit Cashewkernen

Für 4 Portionen:

4 Zucchini (ca. 800 g)
Salz
Pfeffer
10 El Olivenöl
4 Tomaten
2 Frühlingszwiebeln
1 Bund Thymian
100 g Cashewkerne
1 Kopf Radicchio
4 El Aceto Balsamico

So wird's gemacht:

1 Die Zucchini putzen, waschen, trocknen und in Scheiben schneiden. Salzen und pfeffern. 3 El Öl in einer Pfanne erhitzen und die Zucchinischeiben darin kurz anbraten. Die Tomaten mit kochendem Wasser übergießen, häuten, die Stielansätze entfernen, Tomaten entkernen und das Fruchtfleisch würfeln.

2 Die Frühlingszwiebeln putzen, waschen und in feine Ringe schneiden. Thymian waschen, trockenschütteln und einige Zweige zum Garnieren beiseite legen. Die Thymianblättchen von den Zweigen zupfen.

3 Die Cashewkerne in einer Pfanne ohne Fett rösten, bis sie duften. Den Radicchio waschen, trockenschleudern und die Blätter auf Teller verteilen. Die Zucchinischeiben darauf legen und mit den Tomatenwürfeln belegen.

4 Aus Zwiebeln, Thymian, restlichem Olivenöl und Balsamico ein Dressing bereiten und mit Salz und Pfeffer abschmecken.

5 Das Dressing über den Salat träufeln und zuletzt die Cashewkerne darüber streuen. Mit Thymianzweigen garniert servieren. Dazu schmeckt Knoblauchbaguette.

Zubereitungszeit: ca. 30 Minuten (plus Bratzeit)
ca. 448 kcal / 1880 kJ
8 g E • 40 g F • 15 g KH

Kürbisgnocchi

Für 4 Portionen:

1 kleiner Kürbis (ca. 500 g)
1 Ei
1 El Olivenöl
Salz
Frisch gemahlener Pfeffer
400 g Mehl
30 g Butter

So wird's gemacht:

1 Den Kürbis schälen, Kerne und Innenfasern entfernen und das Fruchtfleisch in grobe Würfel schneiden. Die Kürbiswürfel im Dampfkochtopf ca. 10–15 Minuten weich garen. Dann in einem Sieb gut abtropfen lassen.

2 Kürbis in eine Schüssel geben und pürieren. Ei, Olivenöl, Salz und Pfeffer dazugeben und alles gut mischen. Nach und nach das Mehl dazusieben und unterheben. Aus der Masse mit den Händen einen glatten Teig kneten. Er sollte sich leicht von den Händen lösen. Eventuell noch etwas Mehl zugeben.

3 Nun aus dem Teig ca. 1 cm dicke Würste formen und in ca. 1,5 cm lange Stücke schneiden. Eine Gabel mit der runden Seite nach oben auf die Arbeitsfläche legen und die Gnocchi von den Zinken zum Stiel hin darüber ziehen, sodass ein rillenförmiges Muster entsteht.

4 In einem Topf Salzwasser zum Kochen bringen und die Gnocchi darin ca. 2–3 Minuten garen, bis sie an die Oberfläche kommen. Aus dem Wasser nehmen, abtropfen lassen und Butterflöckchen darüber geben.

Tipp:
Kürbisgnocchi schmecken als Beilage und als Hauptgericht. Als Hauptgericht aus 100 ml Sahne, etwas Butter und frisch geriebenem Parmesan eine Sauce zubereiten und die Gnocchi darin servieren.

Zubereitungszeit: ca. 30 Minuten (plus Garzeit)
ca. 475 kcal / 1995 kJ
14 g E • 12 g F • 77 g KH

Zucchini-Reibekuchen

Für 4–6 Portionen:

2 Zucchini (ca. 300 g)
1/2 rote Chili
100 g Mehl
2 Eier
50 ml Milch
2 El frisch gehackter Thymian
1 El Öl
Salz
Pfeffer

So wird's gemacht:

1 Zucchini putzen, waschen, trocknen und mit der Reibe auf Küchenpapier reiben. Etwas abtropfen lassen. Die Chili putzen, waschen, entkernen und fein hacken.

2 Mehl und Eier in eine Schüssel geben und gut verrühren. Die Milch langsam zufügen und alles zu einer cremigen Masse verrühren.

3 Zucchini nochmals gut ausdrücken, dann unter den Teig rühren. Chili und Thymian hinzufügen, mit Salz und Pfeffer abschmecken. Das Öl erhitzen und esslöffelweise Teig hineingeben. Nacheinander goldbraune Reibekuchen backen.

4 Die fertigen Kuchen auf Küchenpapier abtropfen lassen. Sofort heiß als Beilage oder kleinen Snack servieren.

Zubereitungszeit: ca. 20 Minuten
ca. 181 kcal / 759 kJ
8 g E • 7 g F • 20 g KH

Kürbisröllchen

Für 4 Portionen

1 kleiner Butternut-Kürbis
Olivenöl
150 g Frischkäse mit Kräutern

So wird's gemacht:

1 Den Backofen auf 200 °C (Umluft 180 °C) vorheizen.

2 Den Kürbis waschen, schälen und trocknen, Kerne und Innenfasern entfernen und das Fleisch in dünne Scheiben schneiden. Die Scheiben mit etwas Olivenöl bestreichen und im Backofen ca. 20 Minuten garen.

3 Kürbisscheiben aus dem Ofen nehmen. Abkühlen lassen. Mit Frischkäse bestreichen, zu Röllchen wickeln und mit Zahnstochern fixieren.

Tipp:
Sie können auch andere Aufstriche ausprobieren, zum Beispiel Kichererbsenmus oder Tomaten-Mozzarella-Creme.

Zubereitungszeit: ca. 15 Minuten (plus Backzeit)
ca. 140 kcal / 588 kJ
4 g E • 12 g F • 4 g KH

Kürbissalat mit Spinat

Für 4 Portionen

3 El gehackte Kürbiskerne
200 g Kürbisfleisch
175 g frische Spinatblätter
24 Kirschtomaten
175 g Schafskäse
2 El Weißweinessig
1–2 El Olivenöl
Salz
Frisch gemahlener Pfeffer

So wird's gemacht:

1 Die gehackten Kürbiskerne in einer beschichteten Pfanne ohne Fett ca. 1–2 Minuten rösten, bis sie duften und leicht braun sind. Auf Küchenpapier abkühlen lassen.

2 Das Kürbisfleisch würfeln und in einem Dampfkochtopf garen, sodass es noch Biss hat. Anschließend abkühlen lassen. Die Spinatblätter verlesen, putzen, gründlich waschen und trockenschleudern. Die Tomaten waschen, halbieren und den Stielansatz entfernen. Den Schafskäse in Würfel schneiden.

3 Die Spinatblätter auf Teller verteilen. Darauf Kürbis, Tomaten und Schafskäse arrangieren. Aus Essig, Öl, Salz und Pfeffer ein Dressing bereiten und über den Salat geben. Mit gerösteten Kürbiskernen bestreut servieren.

Zubereitungszeit: ca. 25 Minuten
ca. 225 kcal / 944 kJ
11 g E • 17 g F • 7 g KH

Gefüllte Gem Squash

Für 4 Portionen

4 Gem Squash Kürbisse
Olivenöl
1 grüne Peperoni
2 Knoblauchzehen
300 ml Sahne
100 g frisch geriebener Gruyère
1 Prise Muskat
Salz, Pfeffer

So wird's gemacht:

1 Den Backofen auf 200 °C (Umluft 180 °C) vorheizen. Die Kürbisse waschen, halbieren, entkernen und die Innenfasern entfernen. Das Fleisch einschneiden und mit Olivenöl beträufeln.

2 Peperoni waschen, entkernen und fein hacken. Knoblauch schälen und durchpressen. Sahne, Peperoni, Knoblauch und Gewürze verrühren und in die Kürbisse füllen.

3 Die Squashs mit Käse bestreuen und im Ofen ca. 30 Minuten backen.

Zubereitungszeit: ca. 10 Minuten (plus Backzeit)
ca. 350 kcal / 1470 kJ
11 g E • 29 g F • 11 g KH

1 Die Kerne und Innenfasern entfernen.

2 Die Peperoni fein hacken.

3 Knoblauch durchpressen.

4 Die Füllung in die Kürbisse geben.

Kürbisgemüse

Für 4 Portionen:

1 Kürbis (ca. 1 kg)
1/2 l Gemüsebrühe
40 g Butter
Salz
Frisch gemahlener Pfeffer
1 Prise Zucker
100 ml Crème fraîche
Basilikum zum Garnieren

So wird's gemacht:

1 Den Kürbis schälen, halbieren, Kerne und weiße Innenfasern entfernen und das Fleisch in Würfel schneiden. Die Gemüsebrühe in einem Topf erhitzen und die Kürbiswürfel darin ca. 2 Minuten kochen.

2 In einem zweiten Topf die Butter erhitzen. Die Kürbiswürfel mit einer Schaumkelle aus der Brühe heben, kurz abtropfen lassen und dann in die Butter geben. 4 El der Gemüsebrühe zugeben, den Kürbis mit Salz, Pfeffer und Zucker würzen und ca. 5 Minuten bei geschlossenem Deckel dünsten.

3 Die Kürbiswürfel mit der Crème fraîche verrühren und erwärmen, aber nicht aufkochen lassen.

4 Das Kürbisgemüse anrichten und mit Basilikumblättchen garniert sofort servieren.

Tipp:
Als Beilage zu Fleisch oder Geflügel servieren.

Zubereitungszeit: ca. 20 Minuten (plus Kochzeit)
ca. 237 kcal / 994 kJ
5 g E • 19 g F • 13 g KH

Ungarisches Kürbiskraut

Für 4–6 Portionen:

1 Kürbis (ca. 1 kg)
1 Zwiebel
1 Knoblauchzehe
100 g magerer Speck
1 El Pflanzenöl
1 Tl Rosenpaprika
Salz
Frisch gemahlener Pfeffer
2–3 El saure Sahne
Petersilie zum Garnieren

So wird's gemacht:

1 Kürbis schälen, halbieren, Kerne und Innenfasern entfernen. Das Kürbisfleisch grob raspeln.

2 Zwiebel und Knoblauch schälen, beides fein hacken. Den Speck in Würfel schneiden.

3 Das Öl erhitzen und die Speckwürfel darin ca. 2 Minuten anbraten, Zwiebel und Knoblauch dazugeben und mitschmoren.

4 Dann die Kürbisraspel zugeben, mit Paprika, Salz und Pfeffer würzen und alles weitere 5–6 Minuten bei mittlerer Hitze schmoren.

5 In das fertig gegarte Kürbiskraut die saure Sahne einrühren und kurz erwärmen. Mit Petersilie garniert sofort servieren.

Tipp:
Das Kraut schmeckt zu deftigen Bratwürsten und Kartoffelbrei.

Zubereitungszeit: ca. 20 Minuten (plus Kochzeit)
ca. 303 kcal / 1271 kJ
5 g E • 26 g F • 12 g KH

Kürbis-Zucchini-Salat

Für 4 Portionen

2–3 Gemüsekürbisse (ca. 800 g)
4 Zucchini (ca. 600 g)
1 große Zwiebel
100 ml Olivenöl
6 El frisch gehackte Basilikumblätter
3 El frisch gehackte Minzeblätter
2 Knoblauchzehen
Salz
Frisch gemahlener Pfeffer
3 Tl Aceto Balsamico

So wird's gemacht:

1 Den Kürbis waschen, halbieren, entkernen und die Innenfasern entfernen. Nicht schälen. Das Kürbisfleisch in kleine Scheiben schneiden. Die Zucchini putzen, waschen und in ca. 0,5 cm dicke Scheiben schneiden. Die Zwiebel schälen und in feine Ringe schneiden.

2 2 El Öl in einer Pfanne erhitzen. Kürbis- und Zucchinischeiben darin goldbraun braten. Das restliche Olivenöl während des Bratens nach und nach dazugießen. Das Gemüse nach dem Braten auf einer Platte abkühlen lassen. Die Zwiebelringe mit auf der Platte anrichten.

3 Den Knoblauch schälen und fein hacken. Aus Knoblauch, Salz, Pfeffer und Essig ein Dressing herstellen und die Kräuter unterrühren. Alles über die Gemüsescheiben geben. Die Platte mit Folie abdecken und den Salat ca. 60 Minuten durchziehen lassen.

Zubereitungszeit: ca. 25 Minuten
(plus Ruhe- und Bratzeit)
ca. 310 kcal / 1302 kJ
6 g E • 26 g F • 14 g KH

Zucchinisalat mit Melone

Für 4 Portionen:

1 Cantaloupe-Melone
1/2 Zucchini
1/2 Schlangengurke
Saft von 1 Zitrone
2 milde eingelegte Peperoni
125 g Naturjoghurt
2 El Pflanzenöl
2 El frisch gehackte Kräuter
(z. B. Dill, Zitronenmelisse, Thymian, Petersilie oder Schnittlauch)
Salz

So wird's gemacht:

1 Die Cantaloupe-Melone schälen und die Kerne entfernen. Die Zucchini putzen, waschen. Die Gurke schälen. Alles in kleine Würfel schneiden, mit dem Saft einer halben Zitrone beträufeln und beiseite stellen. Die Peperoni abtropfen lassen, in Ringe schneiden und unterheben.

2 Aus Joghurt, Öl, restlichem Zitronensaft, Kräutern und Salz ein Salatdressing herstellen und den Zucchini-Melonen-Salat damit überziehen. Gut durchrühren, anrichten und servieren.

Tipp:
Dieser Salat ist eine erfrischende Köstlichkeit für heiße Sommertage. Sie können auch jede andere Melonensorte verwenden.

Zubereitungszeit: ca. 20 Minuten
ca. 96 kcal / 402 kJ
2 g E • 7 g F • 5 g KH

Griechischer Kürbissalat

Für 4 Portionen

1 kleiner Kürbis (ca. 400 g)
1 Gemüsezwiebel
Je 1 grüne und rote Paprikaschote
2–4 milde grüne Peperoni
2 Tomaten
2 Knoblauchzehen
5 El Olivenöl
100 ml Gemüsebrühe
1 El Zitronensaft
1 El Weißweinessig
Salz, Pfeffer
2 El frisch gehackte glatte Petersilie
Schwarze Oliven nach Geschmack

So wird's gemacht:

1 Den Kürbis schälen, entkernen und Innenfasern entfernen. Fruchtfleisch in Würfel schneiden.

2 Zwiebel schälen und hacken.

3 Die Paprikaschoten putzen, waschen, trocknen, entkernen und in Streifen schneiden.

4 Peperonis waschen, trocknen und in feine Ringe schneiden.

5 Die Tomaten waschen, trocknen, von den Stielansätzen befreien und in Scheiben schneiden.

6 Knoblauch schälen und fein hacken.

7 2 El Olivenöl erhitzen und die Kürbiswürfel darin andünsten. Gemüsebrühe zugeben und den Kürbis ca. 5 Minuten schmoren, so dass er noch Biss hat. Abkühlen lassen.

8 Aus Zitronensaft, Essig, restlichem Olivenöl und den Gewürzen ein Dressing herstellen.

9 Kürbiswürfel sowie das übrige Gemüse in eine Schüssel geben und das Dressing darüber gießen. Petersilie zufügen und unterrühren. Zuletzt schwarze Oliven nach Geschmack dazugeben. Den griechischen Kürbissalat in Schälchen anrichten und servieren.

Zubereitungszeit: ca. 30 Minuten
ca. 237 kcal / 993 kJ
3 g E • 20 g F • 11 g KH

1 Die Paprikaschoten in Streifen schneiden.

2 Peperonis in feine Ringe schneiden.

3 Die Kürbiswürfel in Olivenöl andünsten.

4 Dressing herstellen.

Gebackene Zucchini

Für 4 Portionen:

4 Zucchini (ca. 600 g)
Zitronensaft
3 Knoblauchzehen
Salz
Pfeffer
8 El Olivenöl
1/2 Bund frisch gehackter Dill

So wird's gemacht:

1 Backofen auf 200 °C (Umluft 180 °C) vorheizen. Zucchini putzen, waschen und trocknen. Die Zucchini in 4 cm breite Scheiben schneiden und die Schnittflächen mit Zitronensaft beträufeln.

2 Die Knoblauchzehen schälen, hacken oder pressen, mit Salz mischen und mit einem Messerrücken zu einer Paste zerdrücken.

3 Die Knoblauchpaste auf die Zucchinistücke streichen und mit Salz und Pfeffer würzen.

4 Zucchini auf ein Backblech legen, mit Olivenöl beträufeln und im Ofen ca. 20 Minuten garen. Das Fruchtfleisch sollte weich sein.

5 Die Zucchinistücke anrichten und mit Dill bestreut servieren.

Tipp:
Sie eignen sich als Beilage zu Lammfleisch- oder Fischgerichten.

Zubereitungszeit: ca. 15 Minuten (plus Backzeit)
ca. 242 kcal / 1016 kJ
3 g E • 25 g F • 3 g KH

Gefüllte Zucchiniröllchen

Für 4 Portionen:

4 Zucchini
60 g Pinienkerne
1 Zwiebel
2 Knoblauchzehen
125 g Mozzarella
1/2 Bund Basilikum
1/2 Bund Petersilie
50 g frisch geriebener Parmesan
200 g Hüttenkäse
Küchengarn
1 P. Tomatensauce (FP)

So wird's gemacht:

1 Den Backofen auf 180 °C (Umluft 160 °C) vorheizen. Die Zucchini putzen, waschen, trocknen und mit dem Gemüsehobel in etwas dickere Scheiben schneiden.

2 Die Pinienkerne in einer beschichteten Pfanne ohne Fett rösten. Anschließend 2/3 davon hacken. Den Rest zum Garnieren beiseite legen. Zwiebel und Knoblauchzehen schälen und fein hacken. Den Mozzarella würfeln. Die Kräuter waschen, trockenschütteln und fein wiegen.

3 Alle Zutaten gut miteinander mischen. Je 1 El Füllung auf eine Zucchinischeibe geben, zusammenrollen und mit Küchengarn fixieren.

4 Die Röllchen in eine Auflaufform setzen und die Tomatensauce angießen. Im Backofen ca. 20 Minuten garen. Dann sofort mit den zurückgelegten Pinienkernen bestreut servieren. Dazu schmeckt Wildreis.

Zubereitungszeit: ca. 20 Minuten
ca. 335 kcal / 1407 kJ
25 g E • 22 g F • 10 g KH

Hauptgerichte

Ob mild oder pikant, herzhaft oder süß, Kürbis und Zucchini sind die idealen Gemüsesorten, mit denen sich köstliche Hauptgerichte zaubern lassen. Und es ist garantiert für jeden Geschmack eines dabei!

Zucchini-Gratin mit Kartoffeln

Für 4 Portionen

750 g Kartoffeln
4–5 kleine Zucchini (ca. 500 g)
Butter für die Form
2 Zweige Thymian
200 g Crème fraîche
4 Eier
Salz
Frisch gemahlener Pfeffer

So wird's gemacht:

1 Den Backofen auf 200 °C (Umluft 180 °C) vorheizen. Kartoffeln schälen, waschen und fein hobeln. Zucchini putzen, waschen und ebenfalls fein hobeln.

2 Eine Auflaufform einfetten und die Kartoffel- und Zucchinischeiben einschichten.

3 Thymian waschen, trockenschütteln und die Blättchen von den Stielen zupfen. Thymian, Crème fraîche und Eier miteinander verrühren und mit Salz und Pfeffer würzen. Die Mischung gleichmäßig über das Gemüse gießen.

4 Die Auflaufform mit Alufolie abdecken und das Gratin im Ofen ca. 20 Minuten backen. Anschließend die Folie entfernen und alles weitere 20–30 Minuten garen, bis die Oberfläche zu bräunen beginnt. Dann das Gratin aus dem Ofen nehmen und servieren.

Zubereitungszeit: ca. 35 Minuten (plus Backzeit)
ca. 395 kcal / 1659 kJ
15 g E • 22 g F • 32 g KH

Kürbis-Spaghetti

Für 6 Portionen:

300 g Spaghetti
100 g Kürbisfleisch
200 g Parmaschinken
50 ml Olivenöl
Frisch geriebene Muskatnuss
Salz, Pfeffer
50 g frisch gehobelter Parmesan
2 Basilikumzweige

So wird's gemacht:

1 Die Spaghetti nach Packungsanweisung garen. Das Kürbisfleisch in Streifen schneiden. 4 Minuten vor Ende der Garzeit zu den Spaghetti geben und mitgaren. Inzwischen den Schinken in feine Streifen schneiden.

2 Das Olivenöl in einer Pfanne erhitzen und die Schinkenstreifen darin schmoren lassen.

3 Spaghetti und Kürbisfleisch abgießen und abtropfen lassen. Die Schinkenstreifen mit dem Öl über die Kürbis-Spaghetti geben und vermengen. Alles mit Muskatnuss, Salz und Pfeffer abschmecken. Dann den Parmesan darüber geben.

4 Basilikum waschen, trocknen und fein hacken. Die Kürbis-Spaghetti auf Teller anrichten und mit Basilikum garniert sofort servieren.

Tipp:
Statt Parmaschinken können Sie auch Schinkenspeck verwenden, der in Öl angebraten wird.

Zubereitungszeit: ca. 20 Minuten (plus Garzeit)
ca. 560 kcal / 2352 kJ
20 g E • 30 g F • 53 g KH

Bandnudeln mit Zucchinisauce

Für 4 Portionen:

4 mittelgroße Zucchini (ca. 650 g)
3 Knoblauchzehen
2 rote Chilischoten
250 g Bandnudeln
6 El Olivenöl
3 El frisch gehacktes Basilikum
Saft von 1 Zitrone
5 El süße Sahne
4 El geriebener Emmentaler
Salz, Pfeffer
Basilikum zum Garnieren

So wird's gemacht:

1 Zucchini putzen, waschen und in Stifte schneiden. Knoblauch schälen und fein hacken. Chilischoten putzen, waschen, entkernen und in Ringe schneiden.

2 Bandnudeln in kochendem Salzwasser ca. 10 Minuten bissfest garen.

3 Inzwischen das Öl in einer Pfanne erhitzen und den Knoblauch darin kurz andünsten. Zucchinistifte dazugeben und ca. 7 Minuten unter Rühren schmoren. Basilikum, Chilischoten, Zitronensaft, Sahne und Käse hinzufügen. Mit Salz und Pfeffer würzen.

4 Nudeln abgießen, gut abtropfen lassen und auf Teller verteilen. Die Zucchinisauce darüber geben und mit Basilikum garniert sofort servieren.

Tipp:
Dazu schmeckt frischer trockener Weißwein.

Zubereitungszeit: ca. 20 Minuten (plus Kochzeit)
ca. 500 kcal / 2100 kJ
12 g E • 29 g F • 48 g KH

Makkaroni mit Kürbis-Sahne-Sauce

Für 4 Portionen:

450 g Kürbisfleisch
1 Zwiebel
2 Knoblauchzehen
2 El Olivenöl
100 ml Tomatensauce (FP)
100 ml Sahne
Salz
Frisch gemahlener Pfeffer
500 g Makkaroni
80 g geriebener Parmesan
2 El frisch gehacktes Basilikum

So wird's gemacht:

1 Das Kürbisfleisch entkernen und von den Innenfasern befreien. Anschließend mit dem Hobel fein raspeln. Zwiebel und Knoblauch schälen und fein hacken.

2 Das Olivenöl in einer Pfanne erhitzen, Zwiebel und Knoblauch darin andünsten. Kürbisraspel dazugeben und alles ca. 2–3 Minuten schmoren.

3 Tomatensauce und Sahne in die Pfanne geben und weitere 5 Minuten kochen lassen. Anschließend mit Salz und Pfeffer würzen und mit dem Pürierstab pürieren.

4 Die Nudeln in kochendem Salzwasser nach Packungsanweisung bissfest garen. Abgießen und abtropfen lassen. Nudeln auf Teller verteilen und mit der Kürbis-Sahne-Sauce überziehen. Mit Parmesan und gehacktem Basilikum garniert sofort servieren.

Zubereitungszeit: ca. 15 Minuten (plus Kochzeit)
ca. 665 kcal / 2793 kJ
25 g E • 18 g F • 99 g KH

Lamm mit Zucchini und Kichererbsen

Für 4 Portionen:

75 g getrocknete Kichererbsen
250 g Lammfleisch
1 Zwiebel
3–4 Zucchini (ca. 500 g)
3 El Olivenöl
2 Tl gemahlener Kreuzkümmel
1 Tl gemahlener Piment
1 Prise Zimt
150 ml Rotwein
1 Dose Tomaten (ca. 400g)
350 ml Gemüsebrühe
100 g Korinthen
Salz
Frisch gemahlener Pfeffer
Petersilie zum Garnieren

So wird's gemacht:

1 Die Kichererbsen über Nacht einweichen. Am nächsten Tag abgießen, abspülen und in Salzwasser ca. 30–40 Minuten kochen.

2 Das Fleisch waschen, trocknen und in Würfel schneiden. Die Zwiebel schälen und in Ringe schneiden. Die Zucchini putzen, waschen und würfeln. Öl erhitzen und die Fleischwürfel darin anbraten. Herausnehmen und beiseite stellen.

3 Zwiebelringe in der Pfanne anschmoren. Zucchiniwürfel zufügen und weitere 4 Minuten schmoren. Kreuzkümmel, Piment, Zimt und Fleischwürfel zufügen. Den Wein angießen und verrühren. Alles bei mittlerer Hitze köcheln lassen, bis der Wein verkocht ist. Tomaten, Brühe, Korinthen und Kichererbsen unterheben. Die Pfannenmischung mit Salz und Pfeffer würzen und abgedeckt 30 Minuten köcheln lassen. Mit gehackter Petersilie garniert servieren. Dazu schmecken Salzkartoffeln.

Zubereitungszeit: ca. 40 Minuten
(plus Einweich- und Kochzeit)
ca. 280 kcal / 1176 kJ
23 g E • 5 g F • 27 g KH

Schweinefleisch mit Reis und Kürbis

Für 4 Portionen

250 ml Gemüsebrühe
250 g Langkornreis
400 g Schnitzelfleisch
2 Zwiebeln
2 El Olivenöl
400 g Kürbisfleisch
2 El Sojasauce
Salz
Pfeffer
1 TL mildes Currypulver
1/2 Bund Koriander

So wird's gemacht:

1 Die Gemüsebrühe erhitzen und darin den Reis nach Packungsanweisung garen. Inzwischen das Fleisch waschen, trocknen und in Streifen schneiden. Die Zwiebeln schälen und in Ringe schneiden.

2 Das Olivenöl in einer Pfanne erhitzen und die Zwiebeln darin glasig dünsten. Das Fleisch hinzufügen und ca. 5 Minuten anbraten.

3 Das Kürbisfleisch entkernen, die Innenfasern entfernen und in Würfel schneiden. Mit der Sojasauce zum Fleisch geben und bei mittlerer Hitze ca. 10 Minuten schmoren. Mit Salz, Pfeffer und Curry würzen.

4 Den Reis unter die Fleisch-Kürbispfanne heben und gut durchmischen. Den Koriander waschen, trockenschütteln und die Blättchen abzupfen. Das Reisfleisch anrichten und mit den Korianderblättchen garniert servieren.

Zubereitungszeit: ca. 25 Minuten (plus Koch- und Bratzeit)
ca. 323 kcal / 1355 kJ
6 g E • 8 g F • 55 g KH

Hähnchenbrust mit Kürbisfüllung

Für 4 Portionen:

4 Hähnchenbrustfilets mit Haut
Salz
Pfeffer
250–300 g Kürbisfleisch
3 Scheiben Weißbrot
2 El Olivenöl
150 g Ricotta
60 g geriebener Parmesan
1 Ei
2 El Honig

So wird's gemacht:

1 Den Backofen auf 220 °C (Umluft 200 °C) vorheizen. Die Hähnchenbrustfilets waschen, trocknen und mit Salz und Pfeffer würzen.

2 Kürbis entkernen, von den Innenfasern befreien und in feine Würfel schneiden. Das Weißbrot in Würfel schneiden.

3 Das Olivenöl in einer Pfanne erhitzen und die Kürbiswürfel darin 2 Minuten schmoren. Die Pfanne vom Herd nehmen und Weißbrot, Ricotta, Parmesan und Ei einrühren. Mit Salz und Pfeffer abschmecken.

4 Sollte die Masse zu flüssig sein, noch etwas Weißbrot oder Paniermehl unterheben.

5 Die Haut von den Hähnchenfilets anheben, aber nicht vollständig ablösen und die Füllung darunter geben. Die Hähnchenbrustfilets mit der Hautseite nach oben in einen Bräter legen und im Backofen ca. 45 Minuten braten.

6 10 Minuten vor Ende der Bratzeit die Filets mit Honig bestreichen und den Grill dazuschalten.

7 Die gefüllten Hähnchenbrustfilets aus dem Ofen nehmen, auf Teller anrichten und servieren. Dazu passt ein Salat.

Tipp:
Probieren Sie auch andere Füllungen aus. Ersetzen Sie zum Beispiel den Kürbis durch Zucchini oder ein anderes Gemüse Ihrer Wahl.

Zubereitungszeit: ca. 20 Minuten (plus Bratzeit)
ca. 405 kcal / 1701 kJ
26 g E • 25 g F • 20 g KH

Kürbisgratin mit Hackfleisch

Für 4 Portionen

1 Kürbis (ca. 1 kg)
Salz
2 Zwiebeln
2 Knoblauchzehen
3 El Olivenöl
Je 250 g Schweine- und Rinderhack
1 Bund Basilikum
1 Ei
100 g frisch geriebener Cheddar
50 ml trockener Sherry
Frisch gemahlener Pfeffer
175 ml Gemüsebrühe

So wird's gemacht:

1 Den Kürbis putzen, schälen, Kerne und Innenfasern entfernen und das Fruchtfleisch in mundgerechte Würfel schneiden. Die Kürbisstücke in kochendem Salzwasser ca. 7 Minuten garen. Abgießen, abtropfen und abkühlen lassen.

2 Den Backofen auf 200 °C (Umluft 180 °C) vorheizen. Zwiebeln und Knoblauch schälen und fein hacken.

3 2 El Öl erhitzen, Zwiebel und Knoblauch darin glasig dünsten. Das Hackfleisch dazugeben und unter Rühren braten, bis das Fleisch gar ist. Pfanne vom Herd nehmen und abkühlen lassen.

4 Basilikum waschen, trockenschütteln, Blätter abzupfen und hacken. Basilikum und Hackfleisch in eine Schüssel geben und gut mischen. Ei, 60 g Cheddar und den Sherry hinzufügen und mit Salz und Pfeffer abschmecken.

5 Eine Auflaufform mit dem restlichen Olivenöl einstreichen. Abwechselnd Kürbiswürfel und Hackfleischmasse einschichten. Die letzte Schicht sollte Hackfleisch sein. Die Gemüsebrühe angießen, restlichen Käse darüber streuen und im Ofen ca. 30 Minuten überbacken, bis der Käse geschmolzen ist und leicht Farbe bekommt.

6 Kürbisgratin aus dem Ofen nehmen und sofort servieren.

Zubereitungszeit: ca. 25 Minuten (plus Koch- und Backzeit)
ca. 478 kcal / 2006 kJ
35 g E • 30 g F • 14 g KH

Zucchinitarte mit Krabben

Für 4 Portionen

1 Packung Blätterteig, ca. 450 g (TK)
5–6 Zucchini (ca. 800 g)
Salz
Mehl zum Bearbeiten
300 g geschälte Krabben
8 Eier
200 ml Milch
200 ml Sahne
Frisch gemahlener Pfeffer
1 Prise Muskatnuss
Koriander zum Garnieren

So wird's gemacht:

1 Den Blätterteig ca. 20 Minuten auftauen lassen. Inzwischen den Backofen auf 220 °C (Umluft 200 °C) vorheizen.

2 Zucchini putzen, waschen und in Scheiben schneiden. In kochendem Salzwasser ca. 3–4 Minuten blanchieren. Herausnehmen, abtropfen und abkühlen lassen.

3 Eine Springform (ca. 26 cm Ø) kalt ausspülen. Die Blätterteigscheiben auf einer bemehlten Arbeitsfläche auf die Größe der Springform ausrollen. In die Form legen und den Rand hochziehen.

4 Zucchinischeiben und Krabben abwechselnd auf dem Teig anordnen. Eier, Milch, Sahne und die Gewürze miteinander verquirlen und darüber gießen. Die Tarte ca. 45 Minuten backen. Sollte sie zu dunkel werden, etwa nach der Hälfte der Backzeit mit Alufolie abdecken. Mit Koriander garniert servieren.

Zubereitungszeit: ca. 35 Minuten (plus Backzeit)
ca. 938 kcal / 3938 kJ
40 g E • 69 g F • 41 g KH

Pâtissons mit Frischkäsefüllung

Für 4 Portionen:

4 Pâtisson-Kürbisse
Salz
Frisch gemahlener Pfeffer
175 g Frischkäse aus Schafsmilch
15 g Paniermehl
2 El frisch geriebener Parmesan
1 El Rosinen
1 El Pinienkerne
Schnittlauchröllchen
2 El Olivenöl
1–2 El frisch gehackter Oregano
Rosa Pfefferkörner

So wird's gemacht:

1 Die Kürbisse unter fließendem Wasser putzen und gut abbürsten. Die Stielansätze als kleinen Deckel abschneiden. Kürbisse im Dampfkochtopf ca. 15 Minuten garen. Danach mit einem Löffel das Fleisch bis auf einen Rand von 1 cm herauslösen.

2 Inzwischen den Backofen auf 200 °C (Umluft 180 °C) vorheizen.

3 Den Frischkäse zerkleinern und mit Kürbisfleisch, Paniermehl, Parmesan, Rosinen, Pinienkernen und Schnittlauch pürieren. Mit Salz und Pfeffer abschmecken.

4 Eine Auflaufform mit 1 El Olivenöl einfetten.

5 Die Kürbisse füllen und nebeneinander in die Form setzen. Das restliche Olivenöl über die Kürbisse träufeln und die Füllung mit Oregano und Pfefferkörnern bestreuen. Die Pâtissons im Backofen ca. 30 Minuten backen.

6 Die Pâtissons aus dem Backofen nehmen, anrichten und sofort servieren.

Zubereitungszeit: ca. 20 Minuten (plus Dämpf- und Backzeit)
ca. 285 kcal / 1197 kJ
9 g E • 22 g F • 13 g KH

Kürbis-Rindfleisch-Pfanne

Für 4 Portionen:

500 g Rinder-Schmorfleisch
1 Kürbis (ca. 700 g)
2 grüne Paprikaschoten
1 große Zwiebel
2 rote Chilischoten
2 Knoblauchzehen
4 Tomaten
3 El Olivenöl
2 Tl Chilipulver
2 Tl gemahlener Kreuzkümmel
150 ml Rotwein
600 ml Gemüsebrühe
Salz, Pfeffer

So wird's gemacht:

1 Das Fleisch würfeln. Den Kürbis putzen, schälen, Kerne und Innenfasern entfernen und das Fruchtfleisch würfeln. Paprikaschoten putzen, waschen, entkernen und ebenfalls würfeln. Zwiebel und Knoblauch schälen, Zwiebel in Ringe schneiden, Knoblauch hacken. Chilis putzen, waschen, entkernen und fein hacken. Tomaten häuten, Stielansätze und Kerne entfernen und Fruchtfleisch würfeln.

2 Den Backofen auf 160 °C (Umluft 140 °C) vorheizen. Das Olivenöl in einer ofenfesten Pfanne erhitzen und die Zwiebelringe sowie den Knoblauch darin glasig schmoren. Fleischwürfel hinzufügen und von allen Seiten gut anbraten. Fleisch mit einem Schaumlöffel aus der Pfanne heben und beiseite stellen.

3 Die Kürbiswürfel in die Pfanne geben und kurz andünsten, Chili und Gewürze zufügen, gut umrühren und alles 8–10 Minuten schmoren. Fleisch wieder in die Pfanne geben, Rotwein angießen und aufkochen. Paprika- und Tomatenwürfel dazugeben, mit Salz und Pfeffer abschmecken und mit Brühe auffüllen.

4 Abgedeckt im Backofen ca. 2 Stunden schmoren, bis das Fleisch gar ist. Mit Couscous, Reis oder Kartoffelpüree servieren.

Zubereitungszeit: ca. 30 Minuten (plus Koch- und Backzeit)
ca. 335 kcal / 1407 kJ
29 g E • 14 g F • 15 g KH

Kürbis-Melonen-Ratatouille

Für 4 Portionen

250 g Kürbisfleisch
1 Zwiebel
2 Knoblauchzehen
2 Zucchini
1 rote Paprikaschote
4 El Olivenöl
1 Dose Tomaten (ca. 450 g)
Salz
Frisch gemahlener Pfeffer
125 g Fleisch von einer Honigmelone
1 El frisch gehackter Koriander
2 El frisch gehacktes Basilikum

So wird's gemacht:

1 Das Kürbisfleisch entkernen, die Innenfasern entfernen und das Fleisch würfeln. Zwiebel und Knoblauch schälen und in Ringe bzw. feine Scheiben schneiden. Die Zucchini putzen, waschen und in Scheiben schneiden. Paprika putzen, waschen, entkernen und würfeln.

2 Das Olivenöl in einer Pfanne erhitzen. Zwiebelringe, Knoblauchscheiben und Kürbiswürfel darin andünsten.

3 Zucchinischeiben und Paprikawürfel hinzufügen und das Gemüse ca. 5 Minuten schmoren lassen.

4 Die Tomaten abtropfen lassen und würfeln. Mit dem Saft in die Pfanne geben und unterrühren. Mit Salz und Pfeffer abschmecken und weitere 10 Minuten schmoren, bis die Sauce eindickt.

5 Das Melonenfleisch entkernen und mit einem Kugelausstecher Bällchen auslösen. Kräuter und Melonenbällchen zum Gemüse geben und unterheben.

6 Das Ratatouille anrichten und sofort servieren. Dazu passt Reis oder frisches Baguette.

Tipp:
Diese Gemüsemischung schmeckt auch lauwarm als Salat.

Zubereitungszeit: ca. 20 Minuten (plus Kochzeit)
ca. 74 kcal / 311 kJ
4 g E • 1 g F • 11 g KH

Desserts & Gebäck

Auch wenn Sie es kaum glauben können: Aus Kürbis, Zucchini und Melone zubereitete Desserts und Backwaren sind mit den köstlichsten Süßspeisen der Welt vergleichbar. Probieren Sie selbst!

Melonen mit Portweinsahne

Für 4 Portionen

1 Honigmelone (ca. 800 g)
1 Netzmelone (ca. 700 g)
1/2 Wassermelone (ca. 600 g)
3 El Honig
5 El Portwein
100 g Sahne
1 Tl Zucker
Pfefferminzblättchen zum Garnieren

So wird's gemacht:

1 Honig- und Netzmelone halbieren. Aus allen drei Melonensorten die Kerne entfernen.

2 1/2 Honigmelone schälen und in Spalten schneiden. Das Fruchtfleisch der Netz-, Wasser- und restlichen Honigmelone mit einem Kugelausstecher herauslösen.

3 Den Honig mit 3 El Portwein verrühren und die Melonenkugeln kurz in dieser Mischung marinieren lassen. Sahne mit Zucker und restlichem Portwein steif schlagen.

4 Alles auf Teller verteilen, die Honigmischung darüber gießen und mit Sahne und Pfefferminzblättchen garniert servieren.

Zubereitungszeit: ca. 15 Minuten (plus Zeit zum Ziehen und Kühlzeit)
ca. 278 kcal / 1166 kJ
5 g E • 8 g F • 42 g KH

Kürbiskompott mit Calvados

Für ca. 6 Gläser à 225 ml

1 Kürbis (ca. 500 g)
500 g Boskop-Äpfel
1 kg Gelierzucker
Saft von 1 Zitrone
2 cl Calvados oder Grappa

So wird's gemacht:

1 Den Kürbis schälen, Kerne und Innenfasern entfernen und in Würfel schneiden. Die Äpfel schälen, Kerngehäuse entfernen und ebenfalls würfeln.

2 Kürbis-, Apfelwürfel, Gelierzucker und Zitronensaft in einen Topf geben und unter Rühren ca. 5 Minuten kochen lassen.

3 Den Topf vom Herd nehmen und den Calvados oder Grappa einrühren. Das Kompott sofort in gespülte Gläser mit Twist-off-Deckel füllen und auf dem Kopf stehend fest werden lassen.

Tipp:
Wollen Sie Kürbiskompott pur? Dann lassen Sie die Äpfel weg und erhöhen den Kürbisanteil um 500 g. Das Kompott ca. 7 Minuten kochen lassen, da es sonst zu dünn wird.

Zubereitungszeit: ca. 15 Minuten (plus Kochzeit)
ca. 106 kcal / 445 kJ
2 g E • 1 g F • 20 g KH

Kürbispudding mit Ahornsirup

Für 3–4 Portionen:

300 g Kürbisfleisch
125 ml Sahne
125 ml Milch
150 g Zucker
3 Eier
75 g Mehl
1 Prise Salz
Saft von 1/2 Zitrone
Fett für die Form
Ahornsirup
30 g gehackte Walnüsse

So wird's gemacht:

1 Den Backofen auf 180 °C (Umluft 160 °C) vorheizen. Das Kürbisfleisch entkernen und die Innenfasern entfernen. Das Fruchtfleisch klein schneiden und im Dampfkochtopf gar kochen. Das Kürbisfleisch mit dem Pürierstab pürieren.

2 Das Kürbispüree mit Sahne, Milch, Zucker und Eiern verrühren. Mehl, Salz und Zitronensaft hinzufügen und die Masse zu einer geschmeidigen Creme verrühren.

3 Die Creme in eine gefettete Kastenform geben und im Ofen ca. 20 Minuten backen. Den Kürbispudding aus der Form stürzen und abkühlen lassen.

4 Den Kürbispudding anrichten und mit Ahornsirup und gehackten Walnüssen garniert servieren.

Zubereitungszeit: ca. 15 Minuten (plus Backzeit)
ca. 470 kcal / 1974 kJ
12 g E • 21 g F • 59 g KH

Melonengelee mit Himbeersirup

Für 4 Portionen

1 reife Honigmelone (ca. 1 kg)
250 ml Apfelsaft
2 Tl Honig
2 Tl Agar-Agar
Himbeersirup
Zitronenmelisse zum Garnieren

So wird's gemacht:

1 Die Honigmelone halbieren, schälen und entkernen. Das Fruchtfleisch klein schneiden und mit Apfelsaft und Honig pürieren. Es sollte 500 ml Püree ergeben. Eventuell mit etwas Apfelsaft auffüllen.

2 Das Agar-Agar unter das Püree rühren und in einem Topf kurz aufkochen lassen.

3 Das Gelee in 4 kalt ausgespülte Auflaufförmchen füllen und etwa 45 Minuten kalt stellen.

4 Das Melonengelee auf Teller stürzen, mit Himbeersirup beträufeln und mit Zitronenmelisse garniert sofort servieren.

Tipp:
Wenn Sie möchten, können Sie zum Melonengelee frisches Beerenobst reichen. Statt Himbeersirup können Sie einen Sirup Ihrer Wahl verwenden.

Zubereitungszeit: ca. 20 Minuten (plus Zeit zum Gelieren)
ca. 67 kcal / 280 kJ
1 g E • 1 g F • 14 g KH

Kürbis-Nuss-Kuchen

Für 12–16 Stück

3 Eier
1 P. Vanillinzucker
400 g Zucker
200 ml Pflanzenöl
2 Tl Zimt
600 g Kürbisfleisch
150 g Walnüsse
500 g Mehl
1 P. Backpulver
1/2 Tl Salz
Fett für die Form
Puderzucker zum Bestäuben

So wird's gemacht:

1 Den Backofen auf 180 °C (Umluft 160 °C) vorheizen.

2 Die Eier trennen. Eigelbe, Vanillinzucker, Zucker, Öl und Zimt schaumig rühren.

3 Das Kürbisfleisch raspeln, zur Ei-Mischung geben und alles gut miteinander verrühren.

4 Die Walnüsse fein mahlen.

5 Mehl, Backpulver, Salz und gemahlene Walnüsse miteinander vermischen und unter die Kürbismischung rühren.

6 Die Eiweiße mit dem Rührgerät zu steifem Schnee schlagen. Zum Teig geben und vorsichtig unterheben.

7 Eine Kasten- oder Springform einfetten.

8 Den Teig in die Backform füllen und im Backofen ca. 60 Minuten backen.

9 Die Form aus dem Ofen nehmen und den Kürbis-Nuss-Kuchen 10 Minuten in der Form auskühlen lassen.

10 Danach den Kuchen auf ein Kuchengitter stürzen und vollständig auskühlen lassen. Den Kürbis-Nuss-Kuchen mit Puderzucker bestäubt servieren.

Zubereitungszeit: ca. 20 Minuten (plus Backzeit)
ca. 1625 kcal / 6825 kJ
26 g E • 80 g F • 201 g KH

1 Die Eier trennen.

2 Das Kürbisfleisch raspeln.

3 Mehl, Backpulver, Salz, und gemahlene Walnüsse vermischen.

4 Den Teig in die Backform füllen.

Käse-Kürbis-Kuchen

Für ca. 16 Stücke:

200 g Löffelbiskuits
60 g Butter
450 g Kürbisfleisch ohne Kerne
2 El Speisestärke
1 Tl Zimt
1/2 Tl Salz
750 g Mascarpone
200 g Zucker
5 El Cognac
125 ml saure Sahne
Mark von 1/2 Vanilleschote
4 Eier

So wird's gemacht:

1 Den Backofen auf 180 °C (Umluft 160 °C) vorheizen.

2 Die Kekse im Mixer zerkleinern. Die Butter schmelzen, leicht abkühlen lassen und mit den Krümeln zu einer festen Masse verrühren. In eine Springform geben und gut festdrücken. Im Ofen ca. 10 Minuten backen und abkühlen lassen.

3 Kürbisfleisch würfeln, in wenig kochendem Wasser garen und pürieren. Mit Speisestärke, Zimt und Salz verrühren. Mascarpone mit Zucker, Cognac, saurer Sahne, Vanillemark und Eiern verrühren. Unter das Kürbispüree rühren und in die Springform füllen.

4 Den Kuchen ca. 60 Minuten backen, bis er leicht bräunt. Danach weitere 60 Minuten im abgeschalteten Ofen stehen lassen. Dann den Rand vorsichtig von der Form lösen und den Kuchen in der Form auskühlen lassen. Weitere 6 Stunden im Kühlschrank ziehen lassen, bevor der Kuchen serviert wird.

Zubereitungszeit: ca. 30 Minuten
(plus Back- und Kühlzeit)
ca. 1363 kcal / 5723 kJ
37 g E • 92 g F • 97 g KH

Schokoladenkuchen mit Kürbiskernen

Für 10–12 Stücke:

5 Eier
100 g Zucker
500 g Mehl
1 Tl Backpulver
100 g geriebene Schokolade
100 g geriebene Kürbiskerne
30 g Butter
2 El Rum
Fett für die Form

So wird's gemacht:

1 Den Backofen auf 180 °C (Umluft 160 °C) vorheizen. Die Eier trennen und die Eiweiße zu steifem Schnee schlagen. Den Zucker in den Eischnee rieseln lassen und weiterrühren, bis die Masse verbunden ist.

2 Mehl und Backpulver mischen und mit Schokolade und Kürbiskernen sowie den Eigelben unter den Eischnee rühren. Zuletzt die zerlassene Butter und den Rum hinzufügen. Alles zu einem glatten Teig verrühren.

3 Den Teig in eine gefettete Kastenform füllen und ca. 45 Minuten backen. Der Kuchen ist durch, wenn an einem hineingestochenen Holzstäbchen kein Teig mehr haften bleibt.

Zubereitungszeit: ca. 15 Minuten
(plus Backzeit)
ca. 968 kcal / 4064 kJ
31 g E • 35 g F • 131 g KH

Melonenkugeln in Arrak

Für 1 Rumtopf oder 1 hohes Glas

1 Galiamelone (ca. 600 g)
2 unbehandelte Orangen
50 g Honig
1/2 l Arrak
3–4 El Zitronensaft

So wird's gemacht:

1 Die Melone halbieren, die Kerne entfernen und mit einem Kugelausstecher das Fruchtfleisch herauslösen. Die Orangen heiß abwaschen und in Scheiben schneiden. Alles in eine Schüssel schichten.

2 Den Honig erwärmen. Arrak und Zitronensaft hinzufügen. Alles verrühren und über die Früchte gießen. Die Schüssel verschließen und 3–4 Tage kühl stellen.

Tipp:
Die eingelegten Melonenkugeln halten sich ca. 6 Wochen. Sie schmecken zu Vanilleeis oder pur mit Schlagsahne.

Zubereitungszeit: ca. 20 Minuten (plus Kühlzeit)
ca. 121 kcal / 507 kJ
2 g E • 1 g F • 26 g KH

1 Das Fruchtfleisch aus der Melone herauslösen.

2 Die Orangen in Scheiben schneiden.

3 Alles in eine Schüssel schichten.

4 Honig, Arrak und Zitronensaft verrühren und darüber gießen.

Melonengelee

Für 4 Gläser à 250 ml

1 unbehandelte Orange
1/2 Wassermelone (ca. 500 g)
3 El Campari
8 El Orangensaft
1 Paket Gelierfix 2 zu 1

So wird's gemacht:

1 Die Orange heiß abwaschen und in Scheiben schneiden. Das Melonenfruchtfleisch auslösen, entkernen, klein schneiden, in ein Sieb geben und den Saft ausdrücken. Er sollte ca. 400 ml ergeben.

2 Campari und Orangensaft mit dem Melonensaft mischen und mit Wasser auffüllen, bis Sie 750 ml Flüssigkeit erhalten. Das Gelierfix mit der Flüssigkeit in einem Topf unter Rühren und bei großer Hitze aufkochen lassen.

3 4 Orangenscheiben halbieren und auf vier Gläser verteilen.

4 Den Saft ca. 2–3 Minuten sprudelnd kochen lassen, dann in die vorbereiteten Gläser füllen. Die Gläser verschließen und auf den Kopf stellen. Bevor das Gelee ganz fest wird, die Gläser umdrehen, damit sich die Orangenscheiben verteilen.

Zubereitungszeit: ca. 15 Minuten (plus Kochzeit)
ca. 61 kcal / 255 kJ
1 g E • 17 g F • 11 g KH

Kürbiseis

Für 4–6 Portionen:

200 g Kürbisfleisch
(z. B. Laternenkürbis)
4 Eigelbe
90 g Zucker
1 Tl Zimt
300 ml Milch
300 ml Sahne

So wird's gemacht:

1 Das Kürbisfleisch entkernen und mit dem Pürierstab pürieren. Die Eier trennen, die Eiweiße anderweitig verwenden. Die Eigelbe in eine Schüssel geben und mit Zucker und Zimt schaumig schlagen.

2 Die Milch erhitzen. Kurz vor dem Kochen vom Herd nehmen und nach und nach unter die Eimischung rühren.

3 Die Masse im Wasserbad zu einer Creme aufschlagen und andicken lassen. Creme abkühlen lassen, dann ca. 60 Minuten gefrieren lassen.

4 Die Sahne leicht schlagen. Kürbispüree und Sahne unter die Eicreme heben und die Masse in einen Tiefkühlbehälter füllen. Ca. 4–5 Stunden gefrieren lassen. Gelegentlich umrühren und von den Rändern lösen.

Tipp:
Diese Eiscreme können Sie auch mit Rumrosinen verfeinern oder mit gerösteten Kürbiskernen bestreut servieren.

Zubereitungszeit: ca. 15 Minuten (plus Kühlzeit)
ca. 463 kcal / 1943 kJ
13 g E • 32 g F • 31 g KH

Biskuit-Rolle mit Kürbis

Für ca. 8 Stücke

4 Eier
125 g Zucker
50 g Mehl
1 Prise Salz
75 g Speisestärke
Abgeriebene Schale und Saft von 1 unbehandelten Zitrone
250 g Sahne
25 g Zucker
1 P. Sahnesteif
400 g Kürbisfleisch
Zucker zum Bestreuen

So wird's gemacht:

1 Den Backofen auf 220 °C (Umluft 200 °C) vorheizen. Die Eier trennen. Eigelbe mit 3 El warmen Wasser und Zucker schaumig rühren. Die Eiweiße steif schlagen und unterheben.

2 Mehl, Salz und Speisestärke über die Eicreme sieben und vorsichtig unterheben. Zitronenschale zufügen und zu einem geschmeidigen Teig verarbeiten. Den Biskuitteig auf ein mit Backpapier ausgelegtes Backblech streichen und im Ofen ca. 10–12 Minuten backen.

3 Den Biskuitteig auf ein mit Zucker bestreutes Geschirrtuch stürzen, das Backpapier sofort vorsichtig abziehen. Den Teig leicht abkühlen lassen, dann mithilfe des Geschirrtuches aufrollen.

4 Die Schlagsahne mit Zucker und Sahnesteif schlagen. Das Kürbisfleisch entkernen, von den Innenfasern befreien, würfeln, in wenig kochendem Wasser garen, pürieren und unter die Sahne heben. Auf den abgekühlten und wieder zurückgerollten Biskuitteig streichen. Dann wieder zusammenrollen, die Rolle mehrmals einstechen und mit dem Zitronensaft beträufeln. Mit Zucker bestreuen.

5 Die Biskuit-Rolle aufschneiden, auf Teller anrichten und servieren.

Zubereitungszeit: ca. 45 Minuten
ca. 555 kcal / 2331 kJ
12 g E • 26 g F • 68 g KH

Zucchini-Kuchen

Für ca. 16 Stücke

2–3 Zucchini (ca. 350 g)
2 Äpfel
100 g Rosinen
3 El Rum
4 Eier
250 g Zucker
450 g Mehl
2 Tl Natron
2 Tl Zimt
1 Tl Backpulver
1/2 Tl Salz
125 ml Pflanzenöl
125 g gehackte Haselnüsse

So wird's gemacht:

1 Den Backofen auf 180 °C (Umluft 160 °C) vorheizen.

2 Die Zucchini putzen, waschen und fein reiben. Die Äpfel schälen, Kerngehäuse entfernen und Äpfel ebenfalls fein reiben. Die Rosinen mit Rum übergießen und beiseite stellen.

3 Die Eier in einer Schüssel verquirlen, den Zucker einrieseln lassen und schaumig schlagen.

4 Mehl, Natron, Zimt und Backpulver mischen und unter die Eimasse heben. Das Öl tropfenweise hinzufügen und alles zu einem glatten Teig verrühren.

5 Zucchini-, Apfelraspel, Haselnüsse und Rosinen mit Rum vermischen. Alles zum Teig geben und unterheben.

6 Den Teig in eine gefettete Springform (26 oder 28 cm Ø) füllen und im Ofen ca. 50 Minuten backen. Bleibt kein Teig mehr an einem hineingesteckten Holzstäbchen haften, ist der Kuchen gar.

7 Den Kuchen in der Form ca. 10 Minuten abkühlen lassen. Dann herausheben und vollständig auskühlen lassen. Nach Geschmack mit einer Schokoladen- oder Haselnussglasur servieren.

Zubereitungszeit: ca. 35 Minuten (plus Back- und Kühlzeit)
ca. 1328 kcal / 5576 kJ
25 g E • 59 g F • 171 g KH

Getränke

Probieren Sie herrliche Drinks und Cocktails aus Kürbis und Melone! Sie werden kaum widerstehen können! Und wenn Sie den Alkohol weglassen, haben Sie die besten Fitness-Drinks.

Melonencocktail

Für 4 Portionen

2 El ungeschwefelte Rosinen
1 Schuss weißer Rum
1 Cantaloupe-Melone
1 große Orange
250 g Früchte der Saison (z. B. Erdbeeren, Himbeeren, Nektarinen)
Saft von 1 Zitrone
1 1/2 Tl Zucker
1 Zweig Minze zum Garnieren

So wird's gemacht:

1 Rosinen mit dem Rum beträufeln und ca. 2 Stunden ziehen lassen. Die Melone halbieren, die Kerne entfernen. Das Melonenfruchtfleisch mit einem Kugelausstecher herauslösen.

2 Die Orange schälen und die Filets herauslösen. Die verbleibenden Fruchtreste mit der Hand auspressen, den Orangensaft auffangen.

3 Die Orangenfilets und die Melonenkugeln mischen. Die übrigen Früchte verlesen, putzen und waschen. Nach Bedarf zerkleinern und dazugeben. Zitronen-, Orangensaft und Zucker verrühren. Die eingelegten Rosinen hinzufügen, den Obstsaft mit den Früchten vermischen.

4 Den Cocktail in Cocktailgläser füllen, mit Minzeblättchen dekorieren und vor dem Servieren kalt stellen.

Zubereitungszeit: ca. 20 Minuten (plus Kühlzeit)
ca. 58 kcal / 245 kJ
1 g E • 1 g F • 11 g KH

Melonenmilch

Für 2 Gläser

1/2 reife Galia-Melone
2 El Zitronensaft
4 cl Orangenlikör
300 ml kalte Vollmilch
Orangenstückchen
Minzezweige zum Garnieren

So wird's gemacht:

1 Die Melone schälen und die Kerne mit einem Löffel herauslösen. Das Fruchtfleisch klein schneiden, einige Stückchen beiseite legen, das restliche Fruchtfleisch mit dem Pürierstab pürieren. Den Zitronensaft unter das Püree rühren.

2 Das Melonenpüree in den Mixer füllen und mit Milch und Orangenlikör auffüllen. Alles noch einmal gut durchmixen. Die Melonenmilch in zwei Longdrinkgläser füllen, mit Fruchtstückchen und Minzezweigen garniert servieren.

Zubereitungszeit: ca. 10 Minuten
ca. 75 kcal / 316 kJ
3 g E • 3 g F • 9 g KH

Kürbisbowle

Für 1 Bowlengefäß

400 g Kürbisfleisch
1 Limette
1 El Zucker
2 Flaschen trockener Weißwein
2 Flaschen Sekt

So wird's gemacht:

1 Das Kürbisfleisch entkernen. Mit einem Kugelausstecher das Fruchtfleisch herauslösen und in ein Bowlengefäß geben.

2 Die Limette heiß abspülen, trocknen und in Scheiben schneiden. Die Hälfte der Limettenscheiben auf die Kürbisbällchen geben und den Zucker darauf streuen.

3 Eine Flasche Weißwein angießen und 2–3 Stunden kühl stellen.

4 Danach mit restlichem Wein und dem gekühlten Sekt aufgießen. Die restlichen Limettenscheiben zugeben und die Bowle sofort servieren.

Zubereitungszeit: ca. 15 Minuten (plus Kühlzeit)
ca. 219 kcal / 919 kJ
2 g E • 1 g F • 14 g KH

1 Das Kürbisfleisch entkernen.

2 Mit einem Kugelausstecher das Fruchtfleisch herauslösen.

3 Die Limette in Scheiben schneiden.

4 Den Zucker über die Melonenkugeln und Limettenscheiben geben.

Kürbis-Fitness-Saft

Für 2 Gläser

300 g Kürbisfleisch
2 Äpfel
2 Karotten
1 Kiwi

So wird's gemacht:

1 Das Kürbisfleisch schälen, Kerne und Innenfasern entfernen und das Kürbisfruchtfleisch grob würfeln.

2 Die Äpfel schälen, das Kerngehäuse entfernen und die Äpfel in große Stücke schneiden.

3 Karotten putzen, schälen und in Stücke schneiden.

4 Die Kiwi schälen und klein schneiden.

5 Äpfel und Karottenstücke in einen Entsafter geben und entsaften. Kürbis und Kiwi im Mixer pürieren.

6 Püree zum Saft in den Mixer geben und gut mischen. In Gläser füllen und servieren.

Tipp:
Nehmen Sie für diesen Fitness-Saft eine Kürbissorte, die nicht zu faserig ist, wie zum Beispiel Butternut- oder Muskatkürbis.

Zubereitungszeit: ca. 10 Minuten
ca. 69 kcal / 289 kJ
2 g E • 1 g F • 13 g KH

Melonen-Drink

Für 2 Gläser

1 Orange
1 rosa Grapefruit
1/4 Charentais-Melone
1 kleine Banane
1 Msp. Zimt
1 Prise geriebene Muskatnuss
1 Zweig Zitronenmelisse zum Garnieren

So wird's gemacht:

1 Orange und Grapefruit halbieren und den Saft auspressen. Die Melone schälen, die Kerne mit einem Löffel entfernen, das Fruchtfleisch in Würfel schneiden. Die Banane schälen und klein schneiden.

2 Melonenwürfel und Bananenstücke im Mixer pürieren. Dann den Orangen- und Grapefruitsaft hinzufügen und alles gut vermischen.

3 Den Melonen-Drink mit den Gewürzen abschmecken, in Longdrinkgläser füllen und mit Zitronenmelisse garniert servieren.

Tipp:
Die Charentais-Melone hat besonders süßes, orangefarbenes Fruchtfleisch und harmoniert deshalb gut mit dem säuerlichen Geschmack von Orange und Grapefruit. Die Melone ist reif, wenn sie intensiv durftet.

Zubereitungszeit: ca. 20 Minuten
ca. 99 kcal / 415 kJ
1 g E • 1 g F • 18 g KH

Melonen-Daiquiri

Für 2 Gläser

200 g Melonenfleisch (z. B. Honig- und Wassermelone)
100 ml weißer Traubensaft
4 El Zuckersirup
4 El Zitronensaft
10 Eiswürfel
Je 2 Melonestücke und Physalis zum Garnieren

So wird's gemacht:

1 Das Melonenfleisch entkernen, in Würfel schneiden und mit gekühltem Saft, Zuckersirup und Zitronensaft im Mixer pürieren.

2 Die Eiswürfel im Eiscrusher zerkleinern, in den Daiquiri geben und umrühren. In zwei Longdrinkgläser füllen und mit Melonenstücken und Physalis garniert servieren.

Tipp:
Sie können natürlich statt Saft auch Weißwein verwenden oder dem Ganzen mit einem Schuss Rum noch den letzten Schliff geben.

Zubereitungszeit: ca. 20 Minuten
ca. 59 kcal / 247 kJ
1 g E • 15 g F • 9 g KH

Melonenbowle

Für 1 Bowlegefäß

1 Wassermelone
6 cl Melonenlikör
4 cl Weinbrand
2 El Zucker
2 Flaschen trockener Weißwein
2 Flaschen Sekt

So wird's gemacht:

1 Die Melone halbieren, die Kerne entfernen und dabei den Saft auffangen. Mit einem Kugelausstecher das Fruchtfleisch herauslösen.

2 Die Melonenkugeln in ein Bowlegefäß geben und Likör, Weinbrand, Zucker und 1 Flasche Wein aufgießen. Etwa 2 Stunden kühl stellen.

3 Anschließend die Bowle mit restlichem Wein und gut gekühltem Sekt auffüllen. Melonenbowle als erfrischendes Getränk an heißen Sommerabenden servieren.

Tipp:
Für eine kindgerechte Melonenbowle ersetzen Sie die alkoholischen Getränke durch Apfelsaft oder einen anderen Saft Ihrer Wahl und Zitronenlimonade.

Zubereitungszeit: ca. 15 Minuten (plus Kühlzeit)
ca. 106 kcal / 446 kJ
1 g E • 1 g F • 8 g KH

Rezeptverzeichnis

Thomas Püttjer
Gisela Schreiber

Die 100 besten Tipps Aquarium

LUDWIG

Inhalt

Sind Dekoelemente und Technik am richtigen Platz, kann das Wasser ins Becken.

Fische und Pflanzen müssen ausreichend mit Sauerstoff versorgt werden.

1,€

Nach vielen Mühen eine Augenweide: ein prachtvolles Aquarium.

Vorwort

Aus dem Wasser stammt alles Leben. Und der Spruch »lebendig wie ein Fisch« kommt nicht von ungefähr, selbst wenn Fische heute nicht selten nur von ihren virtuellen Artgenossen vertreten werden: Sie schwimmen als Bildschirmschoner über viele Computermonitore und inzwischen gibt es sogar die verschiedensten Aquarienwelten auf Video zu kaufen. Ein Wunder ist das nicht, denn der Blick auf Fische in ihrer Unterwasserlandschaft wird von den meisten Menschen als beruhigend und entspannend empfunden. Wenn es Ihnen genauso ergeht, dann sollten Sie sich nicht mit virtuellem Ersatz auf Bildschirmen zufrieden geben. Der Aufwand und die Kosten für die Anschaffung und Einrichtung eines richtigen Aquariums werden oft überschätzt; sie sind geringer, als viele vermuten.

Ein kleines Biotop für zu Hause oder das Büro – das ist nicht nur eine wunderbare Dekoration, sondern viel mehr: Ein Aquarium bietet gleichzeitig die Möglichkeit, sich in unsere hoch technisierte Welt ein Stück Natur zurückzuholen. Fische zu beobachten ist nicht nur spannender als die x-te Wiederholung langweiliger TV-Programme, sondern es schult auch das Verantwortungsbewusstsein für Natur und Umwelt. Wer erst einmal gesehen hat, wie schnell Fische und Pflanzen in einem Aquarium schon auf die kleinste Veränderung der Wasserqualität reagieren, wird das sicher auch in größeren Zusammenhängen bewerten.

1

Aquarien spenden Ruhe. Wer viel Stress in Beruf und Alltag hat, wird die Entspannung, die das Betrachten eines Aquariums vermittelt, schnell schätzen lernen.

In diesem Buch geht es um das erste eigene Aquarium, um den entscheidenden Schritt von der Theorie zur Praxis. Wir sagen Ihnen, was Sie alles für Ihr erstes Aquarium benötigen und worauf Sie bei der Einrichtung achten müssen. Sie erfahren Grundlegendes zum Thema Wasser, zur angemessenen Aquariengröße und richtigen Austattung. Sie erhalten natürlich auch Tipps, wie zu verfahren ist, wenn Probleme auftreten, was beispielsweise zu tun ist, wenn die Fische nicht fressen wollen oder die Pflanzen zu Kümmerwuchs neigen. Außerdem machen wir Sie mit den beliebtesten Aquarienpflanzen vertraut und

stellen Ihnen die wichtigsten Fischfamilien für Anfänger vor. Sie erfahren auch, welche Fische besonders gut miteinander harmonieren und welche Fische Sie lieber nicht in ein gemeinsames Becken setzen sollten. Zahlreiche Tipps vermitteln anschaulich alles Wissenswerte rund um die Aquaristik und helfen Ihnen bei der tagtäglichen Pflege Ihrer kleinen Unterwasserwelt, die natürlich auch für Kinderhände reizvoll ist. Fische sind zwar keine Streicheltiere, aber trotzdem sind Aquarien mit Zierfischen auch für Kinder eine geradezu ideale Freizeitbeschäftigung, denn so werden sie spielerisch an die Entdeckung und Beschäftigung mit der Natur herangeführt. Mit der regelmäßigen Aquarienpflege und dem Füttern der Fische können sie schon früh verantwortungsvolle Aufgaben übernehmen.
Natürlich gibt es in der Aquaristik einige Grundsätze hinsichtlich Ausstattung und Technik zu beachten, ansonsten ist hinsichtlich Gestaltung und Fischbesatz in erster Linie Ihre Kreativität gefragt. Lassen Sie sich doch einfach von den zahlreichen Bildern dieses Buches inspirieren, auch von den konkreten Vorschlägen für ein südamerikanisches oder asiatisches Artenbecken, ein Kinderbecken oder ein so genanntes Holländisches Pflanzenbecken. Aquarienbesitzer sind kleine Landschaftsarchitekten, die nach den vielfältigen Vorbildern der Natur ihre eigene Unterwasserwelt gestalten, mit der Prämisse natürlich, dass sich Fische und Pflanzen darin wohl fühlen.
Und lassen Sie sich von erfahrenen Aquarianern sagen: Es geht nicht darum, das größte und teuerste Aquarium zu besitzen. Auch kleine Aquarien können – mit etwas Phantasie gestaltet – wahre Perlen sein. Und sollte am Anfang nicht gleich alles so funktionieren, wie Sie sich es vorgestellt haben: keine Sorge! Übung macht den Meister. Das gilt auch für Aquarienbesitzer.

2

Klein und fein: Sammeln Sie erst Erfahrungen mit einem kleinen Aquarium. Auch hier sind Kreativität und Originalität in der Gestaltung gefragt.

Viel Erfolg!

Die Autoren

Das Aquarium

Wenn Sie sich ein Aquarium zulegen wollen, stellt sich zunächst die Frage nach dem zur Verfügung stehenden Platz. Reicht dieser aus, um eine artgerechte Haltung von Fischen und Pflanzen zu gewährleisten? Und welcher Aquarientyp garantiert lange Freude? Wie steht es um die Wasserqualität, die die Grundvoraussetzung für die Fischhaltung bildet? Diese Fragen müssen in die Planung für die Anschaffung eines Aquariums einbezogen werden.

3

Für den Anfänger empfiehlt sich eine Beckengröße von 60 bis 80 Zentimetern.

Welches Aquarium ist das richtige?

Von einem Aquarium spricht man in der Regel ab einer Beckengröße von 60 bis 80 Zentimeter Länge. Alles, was unter diesen Maßen liegt, ist ausschließlich als Aufzuchtbecken geeignet und bei längerer Haltung für die Fische eine Quälerei.

Aquarienpflege ist zwar kein Kinderspiel, aber mit ein bisschen Anleitung und Übung auch für Kinder kein Problem.

Es gibt verschiedene Varianten: Vollglasaquarien, Kunststoffaquarien, Betonaquarien, Gestell- oder Rahmenaquarien und rahmenlose Aquarien. Die Wahl ist Geschmackssache und natürlich auch eine Frage des Geldbeutels. Aquarien aus Plexiglas oder Kunststoff gehören zu den kostspieligeren Varianten, zumal wenn sie eine Größe von ungefähr einem Meter Länge überschreiten. In der Praxis haben sich mittlerweile die rahmenlosen Aquarien durchgesetzt, die es bereits als Komplettset im Handel zu kaufen gibt.

Hinweis: Je größer das Becken, desto besser für die Tier- und Pflanzenwelt. Denn mit zunehmender Wassermenge kann sich ein Biotop schneller entwickeln.

Berücksichtigen Sie aber bitte schon vor Anschaffung des Aquariums dessen zukünftiges Gewicht. Bedenken Sie, dass ein Liter Wasser ein Kilogramm wiegt – und schon ein kleines Becken kann daher für schwache Tischbeinchen schnell zu schwer sein, wenn einmal das Wasser eingefüllt ist. Der Unterbau muss also über eine ausreichende Belastbarkeit verfügen. Achtung! Bedenken Sie, dass bei richtig großen Becken unter Umständen sogar die für normale Mietwohnungen übliche Deckenlast überschritten werden kann. Zum Wassergewicht kommt noch das Eigengewicht des Aquariums inklusive Bodengrund und Dekoelementen.

4

Vergessen Sie nicht, Ihr Aquarium hinsichtlich möglicher Wasserschäden mit in Ihre Hausratversicherung aufnehmen zu lassen.

Das Fassungsvermögen von Aquarien

Größe des Aquariums	Liter circa	Wassergewicht
45 x 25 x 25 cm	27,3 l	27,3 kg
60 x 30 x 30 cm	54,6 l	54,6 kg
80 x 30 x 35 cm	84,0 l	84,0 kg
90 x 30 x 38 cm	91,0 l	91,0 kg
120 x 30 x 38 cm	136,5 l	136,5 kg
150 x 45 x 45 cm	318,5 l	318,5 kg
180 x 45 x 45 cm	364,0 l	364,0 kg

Wasser und Aquariumchemie

In diesem Kapitel beschäftigen wir uns mit der Wasserchemie. Sie ist für die Aquaristik von entscheidender Bedeutung. Die meisten Süßwasserfische tolerieren im Normalfall unser Leitungswasser, obwohl dessen Härte je nach Landstrich sehr verschieden sein kann. Allerdings enthält Leitungswasser einige Inhaltsstoffe, die in ihrer Konzentration für die Fische schädlich sein können. So ist beispielsweise die Karbonathärte meist etliche Grade zu hoch. Außerdem ist häufig auch Chlor im Wasser enthalten, das dem Wasser zur Desinfektion beigegeben wurde. Abhängig von der Herkunft weist das Leitungswasser oftmals auch noch Phosphate, Nitrate und verschiedene, teilweise in Spuren vorhandene Stoffe auf.

Alle im Folgenden angesprochenen Werte sollten in regelmäßigen Abständen gemessen werden: die Karbonathärte und das Nitrat alle zwei Wochen, der pH-Wert etwa einmal wöchentlich. Die wichtigsten Werte, die das Wasser aufweisen muss, damit die Fische gut gedeihen und das Biotop funktioniert, erklären wir Ihnen nachfolgend.

Die Wasserhärte lässt sich beeinflussen

5

Viele Fischarten sind in der Lage, sich an Wasserhärtegrade von 2 °dGH bis 20 °dGH anzupassen.

Wasser ist nicht gleich Wasser, Leitungswasser schon gar nicht, denn es kann je nach Wohnort unterschiedliche Wasserhärten aufweisen. Unter Wasserhärte versteht man den Gehalt an so genannten Härtebildnern. Die Karbonathärte des Wassers ist für die Aquaristik besonders wichtig. Zusammen mit dem Säuregrad (pH-Wert) und dem Kohlendioxidgehalt (CO_2-Gehalt) bildet die Wasserhärte ein wichtiges Dreiecksverhältnis, das die Biosphäre in Ihrem Aquarium ganz entscheidend bestimmt.

Die Karbonathärte macht normalerweise 80 Prozent der Gesamthärte aus und wird in Grad deutscher Karbonathärte (° dKH = Gesamthärte) angegeben. Weiches bis mittelhartes Wasser ist die ideale Lebensbedingung für die meisten Fische. Welche Härte Ihr Leitungswasser hat, können Sie mit Hilfe von Testsets ermitteln. Ihnen liegt eine ausführliche Gebrauchsanweisung bei. Lassen Sie sich jedoch zusätzlich von einem Zoofachhändler über die verschiedenen Möglichkeiten der Messmethoden beraten.Den Härtegrad Ihres Wassers können Sie auch durch einen Anruf beim örtlichen Wasserwerk oder bei Ihrer Stadtverwaltung erfahren.

Liegt die Gesamthärte Ihres Leitungswassers über 17 °dGH (Grad deutscher Härte), dann ist das Wasser zu hart, das bedeutet: Sie müssen die Härte senken, wenn Sie es für Ihr Aquarium verwenden wollen. Die einfachste Methode dafür ist, das Aquariumwasser mit destilliertem Wasser zu verdünnen. Voraussetzung hierbei ist allerdings, dass Sie die Verdünnung langsam und unter stetiger Kontrolle durchführen. Sinken die Werte nämlich zu schnell, nehmen Fische und Pflanzen Schaden.

Weitere Methoden zur Enthärtung des Wassers sind der Einsatz von so genannten Ionenaustauschern oder die Umkehrosmose. Ionenaustauscher ziehen die Karbonate und Kristalle aus dem Wasser und drücken somit die Karbonathärte auf einen niedrigeren Level. Bei der Umkehrosmose werden dem Wasser alle Kristalle, Mineralien und Schadstoffe entzogen, so dass am Ende des Prozesses destilliertes Wasser übrig bleibt.

6

Zur Bestimmung der Wasserhärte können entsprechende Testsets im Zoofachhandel erworben werden.

Bevor das Becken mit Wasser gefüllt wird, sollte unbedingt die Wasserqualität getestet werden.

Der Säuregrad (pH-Wert) ist wichtig

Im Wasser sind nicht nur Härtebildner gelöst, sondern auch Säurebildner. Je nach Säuregehalt bezeichnet man Wasser als sauer, neutral oder alkalisch (basisch). Der Säuregrad wird in pH-Werten angegeben: Einen pH-Wert von über 7 bezeichnet man als alkalisch. Wasser mit einem pH-Wert von 7 ist neutral, Wasser mit einem pH-Wert unter 7 ist sauer. Für die Fische und Pflanzen im Aquarium ist ein pH-Wert von 6,5 bis 7 ideal. Auch die Messung des pH-Werts kann sehr einfach mit einem handelsüblichen Testset vorgenommen werden. Entsprechende Beschreibungen zur Handhabung liegen den Verpackungen bei oder sind auf diese aufgedruckt. Wichtiger als der pH-Wert selbst ist der Gehalt an Stoffen, die sich auf den pH-Wert auswirken. Im Aquarium wird der pH-Wert vor allem von zwei Stoffen bestimmt: vom Kohlendioxid und dem Karbonathärtebildner. Diese Stoffe beeinflussen sich gegenseitig, wenn sie im Wasser gelöst sind. Kohlendioxid reagiert sauer, Karbonate reagieren alkalisch.

7

Hinsichtlich des Säuregrades des Wassers passen sich die Fische einem Wert zwischen 6 und 8 pH an.

Hinweis: Eine hohe Karbonathärte (Wasserhärte) führt zu hohen pH-Werten, ein hoher Kohlendioxidgehalt senkt den pH-Wert. Der pH-Wert kann durch eine Veränderung der Karbonathärte oder des Kohlendioxidgehalts beeinflusst werden.

Ohne Kohlendioxid keine Pflanzen

Für das Aquarium ist Kohlendioxid (CO_2) lebensnotwendig. Es ist ein wichtiger Säurebildner und beeinflusst den pH-Wert. Vor allem aber die Pflanzen benötigen es für ihre Photosynthese. Normalerweise ist Kohlendioxid in der Luft und im Wasser ausreichend vorhanden, um ein gesundes Pflanzenwachstum zu erreichen. Die Fische und Bodenbakterien erzeugen ständig Kohlendioxid bei der Atmung, und durch die Umwälzung des Wassers wird stets Kohlendioxid aus der Luft im Wasser gelöst. Allerdings kann auch der Fall eintreten, dass bei besonders hartem Wasser oder im Fall, dass sehr viele Pflanzen im Aquarium gehalten werden, eine Düngung mit Kohlendioxid erforderlich wird. Dazu benötigen Sie spezielle Gerätschaften, die Sie in jedem Zoofachhandel bekommen. Achten Sie stets auf die exakte Menge: Zu wenig Kohlendioxid kann Mangelerscheinungen bei den Pflanzen auslösen, zu viel Kohlendioxid führt zur Ansäuerung des Wassers.

Nitrit bringt die Fische in Gefahr

Nitrit ist für die Fische giftig. Bakterien im Aquarium sorgen dafür, dass die Abfallprodukte in das ungefährlichere Nitrat umgewandelt werden. Bei diesem Prozess ist Sauerstoff der wichtigste Faktor, der von den Pflanzen produziert wird. Das heißt, solange ausreichend Sauerstoff im Becken vorhanden ist, macht der Nitrit-Nitrat-Gehalt keine Probleme. Gerät das Nitrit-Nitrat-Verhältnis aus dem Gleichgewicht, zeigen sich Vergiftungserscheinungen bei den Fischen. Sie erkennen das daran, dass sie an der Wasseroberfläche nach Luft schnappen und die Nahrungsaufnahme verweigern.

Hinweis: Der Nitritwert sollte sofort nach Einrichtung des Aquariums gemessen werden. Dieser Vorgang sollte in der Folge alle zwei Tage wiederholt werden, bis sich das Biotop entwickelt hat und der Nitritwert im ungiftigen Bereich von unter zwei Milligramm pro Liter liegt. Steigt der Wert darüber, ist ein Teilwasserwechsel mit etwa der Hälfte des Wassers durchzuführen.

Beobachten Sie diese Reaktionen, sollten Sie einen Wassertest durchführen. Ein eventuell nötiger Wasserwechsel sollte langsam erfolgen, so dass sich die Fische an die geänderten Werte anpassen können.

8

Bereits in niedriger Dosierung ist Nitrit im Wasser für die Fische äußerst gefährlich, eventuell sogar tödlich.

Reaktionen der Fische auf »falsches« Wasser

Liegen die aufgeführten Wasserwerte nicht im Normbereich, zeigt sich bei den Fischen eine schnelle Reaktion. Zu diesen Gefahrenzeichen gehören:

- Die Fische japsen an der Wasseroberfläche nach Luft.
- Die Fische haben schnelle Kiemen- und Atmungsbewegungen.
- Die Fische sind bewegungslos.
- Die Fische schießen wie wild durch das Becken.

Technik und Zubehör

Für die Einrichtung des Aquariums sollte man sich genügend Zeit nehmen, denn das Becken kann leicht eine Standzeit von mehreren Jahren erreichen, und das lässt sich nicht an einem Tag planen. Hier erfahren Sie, was Sie alles benötigen, wenn Sie sich ein Aquarium zulegen möchten, und wie Sie es am besten einrichten. Unsere Einkaufsliste (siehe unten) soll Ihnen beim Start helfen.

Kaufen Sie nicht zu viele Wurzeln und Steine, denn das geht alles von der bepflanzbaren Fläche ab. Achten Sie auch darauf, dass Sie die Steinaufbauten luftig gestalten. Wenn Sie besondere Dekorationselemente im Auge haben, bedenken Sie, dass diese bei gutem Pflanzenwuchs später überwuchert werden können. Weniger ist manchmal mehr, berücksichtigen Sie das bei Ihrem Einkauf.

9

Ein separater Eimer ist für die Aquariumpflege nötig, damit sichergestellt ist, dass keinerlei Reinigungsmittel – auch nicht als Rückstände – mit dem Aquarium in Kontakt kommen.

Einkaufsliste

- Becken (Komplettset inkl. Lichtquelle)
- Heizung (bei elektrischen Geräten auf VDE-Zeichen achten!)
- Filter
- Thermometer
- Kies
- Nährboden
- Wasseraufbereitungsmittel
- Pflanzen
- Dekomaterial
- Flüssiger Pflanzendünger
- Scheibenreiniger
- Schlauch für den Wasserwechsel
- Mulmabsauger
- Schaltuhr für das Licht
- Separater 10-l-Eimer für die Aquariumpflege
- Fische und Futter werden einige Tage später besorgt

Es muss nicht gleich ein Riesenbecken wie dieses sein. Besser, man sammelt erst einmal Erfahrungen mit einem kleinen Becken.

Darauf sollten Sie bei Ihrem Aquarium achten

Wenn Sie sich für ein Aquarium entschieden haben, gilt es zunächst, den richtigen Standort auszuwählen. Es sollte auf keinen Fall unmittelbar am Fenster stehen und direkter Sonneneinstrahlung ausgesetzt sein. Der ideale Platz für ein Aquarium ist an der einem Fenster gegenüberliegenden Wand. Die Gefahr der Algenbildung ist andernfalls durch das starke natürliche Licht sehr hoch.

Prüfen Sie, ob das Untergestell das Gewicht des Beckens aushalten wird. Überschlagen Sie das Gewicht der Wassermasse zuzüglich des Beckens, Bodengrunds und der Dekorationselemente. Der einfachste Belastungstest geht so: Bitten Sie entsprechend der Litermenge des Beckens Personen mit passendem Kilogewicht, sich auf das vorgesehene Untergestell zu setzen. Das Aquarium sollte zudem auf einer Styroporunterlage stehen, das Gewicht sollte auf dem Fußboden gleichmäßig verteilt sein (mit einer Wasserwaage prüfen).

10

Für Kinderhände sollten alle elektrischen und technischen Leitungen unerreichbar sein! Sorgfalt gilt auch in Bezug auf wasserdichte Stromanschlüsse.

Weiterhin ist zu beachten: Das Becken muss gut erreichbar sein für Pflege und Wartung. Der Unterschrank sollte zudem Platz bieten für Technik, Wartungs- und Pflegematerialien, denn diese sollen ja in Griffweite sein und zudem den optischen Eindruck des Aquariums nicht stören.

Säubern Sie dann das Becken und prüfen Sie, ob es auch wirklich dicht ist. Füllen Sie es zu diesem Zweck einmal bis obenhin mit Wasser und lassen Sie es dann einige Stunden lang stehen. Dringt während dieser Zeit keine Feuchtigkeit nach außen, so hat das Becken den Test bestanden.

Es gibt geklebte Ganzglasaquarien sowie Becken mit Metallrahmen. Für Süßwasseraquarien sind beide Arten geeignet, wegen der korrodierenden Wirkung des Salzwassers sollten Metallrahmenbecken für Seewasser allerdings nicht verwendet werden.

Ganz wichtig ist weiterhin eine passende Abdeckung. Die Abdeckung hindert nicht nur die Fische am Herausspringen, sie nimmt auch die Aquarienbeleuchtung auf und hält die Verdunstungsverluste möglichst niedrig.

Der Boden hat vor allem für das Wachstum der Pflanzen große Bedeutung. Dabei gilt folgende Regel: Je besser die Bodendurchflutung, desto höher die Nährstoffgrundlage. Kann das Wasser im Bodengrund hingegen nicht richtig zirkulieren, besteht die Gefahr von Fäulnisherden.

11

Auch Sand aus dem Zoofachhandel sollte vor dem Einsetzen in das Becken mehrmals durchgewaschen werden, bis nur noch klares Wasser zu sehen ist.

Hinweis: Der Bodengrund im Aquarium hat eine ausgesprochen wichtige Funktion für das Wohlbefinden von Pflanzen und Fischen. Er sollte chemisch neutral sein, eine gute Wasserzirkulation gestatten, genügend Nährstoffe liefern können, möglichen Fäulnisherden keine Chance geben und natürlich auch sicheren Halt für die Pflanzen bieten.

Ein guter Bodengrund bewirkt zudem, dass die Temperatur am Boden und kurz vor der Wasseroberfläche keine allzu großen Schwankungen aufweist. Machen Sie doch einmal einen Test: Messen Sie die Temperatur am Boden und oben. Der Unterschied sollte nicht mehr als 3 °C betragen.

So wird das Aquarium eingerichtet

Wenn Sie das Becken aufgestellt haben, wird Kies hineingegeben. Der Kies sollte nicht scharfkantig sein und eine Körnung von etwa drei bis zehn Millimetern haben. Geeignete Bodengrundmaterialien sind beispielsweise Granit, Basalt, Quarz oder Porphyr. Ungeeignet hingegen sind Sand-, Kalk- und Tuffstein, denn diese Gesteinsarten sondern Kalzium ab und lassen somit den Härtegrad des Wassers ansteigen. Sand verhindert darüber hinaus die notwendige Durchflutung des Bodens.

Bedecken Sie dann den Beckenboden mit einer etwa zwei Zentimeter dicken, wenig gewaschenen Kiesschicht. Verteilen Sie den Kies gleichmäßig und vermengen Sie ihn außerdem mit Bodendünger aus der Zoohandlung. Auf diese Schicht bringen Sie dann etwa vier bis sechs Zentimeter hoch sauberen Kies ein. Hier ist eine gründliche Reinigung in klarem Wasser empfehlenswert.

Anschließend können Sie sich an die Dekoration machen, das heißt Dekosteine und Holzwurzeln einsetzen. Holzwurzeln sollten unbedingt im Zoofachgeschäft gekauft werden, also auf keinen Fall aus der

12

10 bis 15 Liter Aquariumsand mit einer Körnung von zwei bis drei Millimetern ergeben etwa drei bis vier Zentimeter Bodentiefe bei einem Becken von 80 x 45 x 40 cm Größe.

Einer der ersten Schritte ist das Einbringen von Kies in das Becken.

Nach dem Einbringen der Dekorationselemente wird das Becken zu einem Drittel mit Wasser gefüllt.

freien Natur stammen. So schön sie vielleicht aussehen mögen, unbehandelte Wurzeln aus der freien Natur werden schnell faulen und den Biohaushalt Ihres kleinen Aquariumbiotops zerstören.

Ist das Becken dekoriert, installieren Sie zunächst alle technischen Geräte, wie Heizung oder Filter, ohne sie jedoch in Betrieb zu nehmen. Näheres zu den einzelnen Geräten finden Sie ab Seite 21 ff. Beachten Sie außerdem die Gebrauchsanleitungen der jeweiligen Hersteller in der Verpackung.

Nun ist es Zeit, Wasser in das Becken zu lassen. Füllen Sie es etwa zu einem Drittel voll. Leiten Sie dabei das Wasser über einen Teller oder eine Schüssel, damit Sie den Kies nicht aufwirbeln. Geben Sie außerdem ein Wasseraufbereitungsmittel hinzu.

Danach können Sie mit der Pflanzendekoration beginnen. Unterschieden wird zwischen Hintergrund- und Vordergrundpflanzen. Die Hintergrundpflanzen sind die größeren, sie werden zuerst in den hinteren Teil des Beckens eingepflanzt. Anschließend kommen die kleineren in den vorderen Bereich.

An Pflanzen sollten Sie nicht sparen, denn sie sind wichtig für den Aufbau des Biotops. Wenn Sie dann das Aquarium Ihren Wünschen

13

Die Hölzer vor dem Einsetzen ins Wasser gründlich wässern, damit sie nicht mehr schwimmen.

entsprechend bepflanzt haben, füllen Sie die gesamte Wassermenge ein. Achten Sie dabei darauf, dass das Wasser gut temperiert (handwarm) ist, weil andernfalls die Pflanzen einen Kälteschock bekommen. Gehen Sie dabei wieder so vor, wie beim Einfüllen des ersten Drittels – lassen Sie das Wasser über einen Teller oder eine Schüssel einlaufen –, damit jetzt beim Einfüllen die Pflanzen nicht wieder aus dem Bodengrund gewühlt werden.
Zum Schluss setzen Sie den Filter in Betrieb und schließen die Heizung an. Die Temperatureinstellung sollte zwischen 24 und 26 °C liegen. Installieren Sie außerdem die Beleuchtung in der Abdeckung, montieren Sie diese auf dem Aquarium und schalten Sie das Licht ein. Nun ist die Einrichtung des Aquariums fertig. Es fehlen eigentlich nur noch die Fische. Aber die müssen noch ein bisschen warten, sie dürfen noch nicht ins Becken.
Das Aquarium muss erst einmal zwei Wochen lang ohne Fische laufen, damit sich die für Fische und Pflanzen wichtigen Bakterien bilden können, die das »Wasserklima« entscheidend mitbestimmen. Mit Hilfe der Technik werden jetzt im Aquarium die Verhältnisse in natürlichen Gewässern nachgeahmt.

14

Günstig ist es, wenn nach dem Einrichten etwas Mulm aus dem Zoofachhandel im Aquarium verteilt wird.

Sind die Pflanzen eingesetzt, wird das Aquarium bis oben mit Wasser gefüllt. Hierbei ist besondere Vorsicht angebracht, damit Pflanzen nicht wieder entwurzelt werden.

Beleuchtung

Jedes Aquarium muss mit einer Beleuchtung ausgestattet werden, denn vor allem die Pflanzen benötigen für ihr Wachstum ausreichend Licht. Aber auch die Fische brauchen Licht für ihre Orientierung, und der Aquarianer möchte ja schließlich auch seine Unterwasserlandschaft betrachten können. Dabei sollte die künstliche Beleuchtung das natürliche Tageslicht so gut wie möglich ersetzen.
Untersuchungen haben ergeben, dass die künstlichen Lichtquellen auf jeden Fall das ganze Lichtspektrum umfassen müssen, um das Pflanzenwachstum zu fördern. Besonders günstig wirken sich dabei Rot- und Blauanteile aus.

15

Lassen Sie sich zusätzlich zu unserer Tabelle auf Seite 20 in Ihrem Zoofachgeschäft über die geeignete Lichtstärke der Leuchtstoffröhren für Ihr Aquarium beraten.

Hinweis: Lichtmenge und Verteilung des Lichts müssen richtig dosiert werden, da sonst die Algenentwicklung ungewollt angeregt wird.

Die Beleuchtungsintensität wird durch die Wahl des Leuchtmittels, der zu beleuchtenden Fläche, der Wasserqualität und der zu pflegenden Pflanzen bestimmt. Die Bedürfnisse der Pflanzen werden anhand ihres Lichtbedarfs in Schatten, Halbschatten, Sonne und Vollsonne eingeteilt (auch Lux-Werte genannt).
Aber auch das Wasser hat einen entscheidenden Einfluss auf das Licht. Wichtig ist, dass möglichst viele reflektierte Lichtanteile bei den Pflanzen ankommen. Eine Hilfe bieten hier Reflektoren, die das Licht gebündelt in das Wasser umleiten. Das können polierte Aluminiumreflektoren sein, die auf den Röhren mit Klemmhalterungen

Wie viel Licht brauchen Ihre Pflanzen?

Lichtbedarf	Lichtstärke Lux (lx)
Vollsonne	5.000 bis 10.000
Sonne	2.000 bis 5.000
Halbschatten	1.000 bis 2.000
Schatten	200 bis 1.000

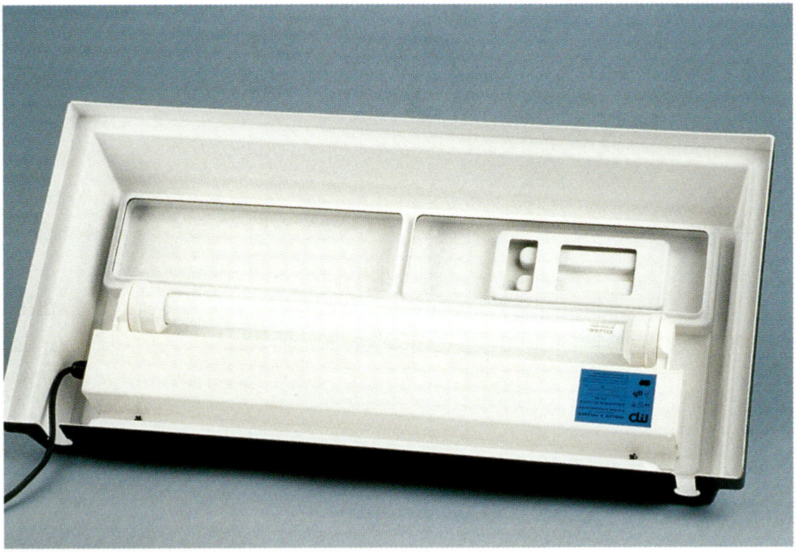

Aquarienabdeckungen gibt es häufig mit bereits integrierter Beleuchtung.

befestigt werden. Eine andere Möglichkeit: Die Innenflächen der Beleuchtungen werden mit Aluminiumfolie beklebt. Auch eine Kombination aus beiden Reflektoren ist möglich.
Doch die beste Beleuchtung und die schönsten Reflektoren nützen nicht viel, wenn das Wasser arg verunreinigt ist. Denn verschmutztes Wasser hindert das Licht, am Bodengrund anzukommen. Für sauberes Aquariumwasser sollte also nicht zuletzt auch aus diesem Grund immer gesorgt werden. Die Beleuchtungsdauer eines Aquariums sollte ca. 12 bis 14 Stunden täglich betragen, denn auch Fische und Pflanzen kennen Tag- und Nachtrhythmus. Eine Zeitschaltuhr hilft, die Zeiten einzuhalten.
Für die Aquariumbeleuchtung kommen drei verschiedene Typen von Lampen infrage: Leuchtstofflampen, Quecksilberdampf-Hochdrucklampen (HQL) und Metalldampf-Hochdrucklampen (HQI). Glüh- oder Halogenlampen sind nicht geeignet. Am häufigsten werden Leuchtstoffröhren eingesetzt. Wichtig ist, die optimale Beleuchtung herauszufinden. Welche Lichtmenge brauchen die Pflanzen für das ideale Wachstum, ohne dass es zu einer übermäßigen Vermehrung der unerwünschten Algen kommt?

16

Da sich die Leuchtkraft der Leuchtstoffröhren innerhalb von sechs Monaten in etwa halbiert, sollten die Röhren ein- bis zweimal im Jahr ausgetauscht werden.

Leuchtstofflampen

Für die meisten Aquarien sind Leuchtstoffröhren ideal. Durch ihren geringen Stromverbrauch, ihre hohe Lichtausbeute, aber auch durch das verbesserte Farbspektrum sind sie heute führend in der Aquaristik. Hinzu kommt noch der entscheidende Vorteil, dass Leuchtstoffröhren sich im Gegensatz zu allen anderen Aquarienleuchten nicht erwärmen und das Wasser nicht aufheizen.
Leuchtstoffröhren sind geeignet für eine Beckenhöhe bis ungefähr 50 Zentimeter. Dabei sollten die Röhren so montiert werden, dass sie über die ganze Beckenlänge gehen.

Leuchtstofflampen

Aquarium in cm	Liter	Lampen in mm	Anzahl der Röhren	Watt
60	65	517	2	13
80	110	720	3	16
100	180	895	3	30
130	325	1.200	4	40
160	480	1.500	4	40

Quecksilberdampf-Hochdrucklampen (HQL)

17

Eine ausreichende Beleuchtung garantiert eine üppige Vegetation in Ihrem Aquarium.

Quecksilberdampf-Hochdrucklampen sind vor allem für Aquarien zu empfehlen, die über eine Beckenhöhe von mehr als 50 Zentimetern verfügen, denn ihr Licht ist so stark, dass sie auch den tieferen Wasserschichten noch ausreichend Helligkeit liefern. Quecksilberdampf-Hochdrucklampen erzeugen ein helles, aber dennoch warmes Licht und sind aufgrund ihres Farbspektrums ebenfalls für jedes Aquarium sehr gut geeignet. Ein großer Vorteil von Quecksilberdampf-Hochdrucklampen besteht darin, dass man wegen ihrer sehr kompakten Strahlerbauweise über dem Aquarium noch ausreichend Platz hat, um Wartungsarbeiten bequem durchzuführen.

Heizung

Die meisten Zierfische stammen aus tropischen Gwässern. Für die Wassertemperatur im Aquarium gilt: Sie muss den tropischen Heimatgewässern der Fische entsprechen und sollte 24 bis 26 °C betragen. Ein Aquarium für tropische Fische braucht also eine Heizung, auch in geheizten Räumen. Das Beheizen ist problemlos, denn die heute angebotenen Heizer und Thermostate arbeiten zuverlässig.
Die benötigte Heizleistung steigt aber nicht linear zum Wasservolumen an. Bei einer Raumtemperatur von 20 °C und einer gewünschten Wassertemperatur von 24 °C würde bei einem Beckeninhalt von 200 Litern eine Heizung von etwa 50 Watt benötigt werden, da die Temperaturdifferenz vier Grad beträgt. Ein 400-Liter-Becken hingegen benötigt nur 80 Watt, was mit dem größeren Wasservolumen und dessen Wärmespeichervermögen in Zusammenhang steht.
Thermostate, auf denen die gewünschte Wassertemperatur eingestellt wird, gibt es in zwei Typen: den untergetauchten Innen- sowie den Außenthermostat. Heizer mit kombiniertem Thermostat werden ebenfalls angeboten. Die Wassertemperatur wird mit einem Thermometer, an der Scheibe angesaugt oder frei schwimmend, kontrolliert.

18

Für Becken von über ein Meter Länge und darüber sind zwei Heizer zu empfehlen, um eine gleichmäßige Verteilung der Wärme zu gewährleisten.

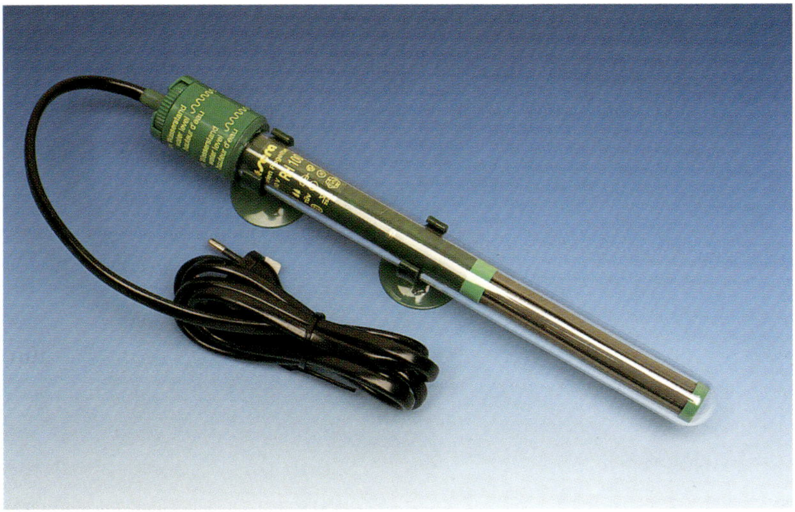

In der Regel haben alle Aquarienheizungen heute einen Thermostat, der die einmal eingestellte Temperatur konstant hält.

Ungeregelte Heizer werden heute kaum noch verwendet. Ihr Nachteil: Sie geben fortlaufend Wärme an das Wasser ab und machen die Temperatur von der Umgebungstemperatur der Luft und der zu erwärmenden Wassermenge abhängig. Liegt aber die Temperatur im Wohnraum mal höher – im Sommer sind zum Beispiel 25 °C keine Seltenheit –, dann erreicht die Wassertemperatur im Becken schnell 29 °C. Für manche Fische ist das viel zu warm.

Hinweis: Heizungen sollten immer mit einer Wasserumwälzung installiert werden, damit sich die Wärme gleichmäßig im Becken verteilt und es zu keinen Temperaturschichtungen kommt.

Bei der geregelten Heizung (Regelheizer) gibt es das Problem nicht. Sie sind deshalb die gängigsten Heizgeräte für das Aquarium und empfehlenswert. Regelheizer gelten als leistungsstark und sicher, garantieren eine gleichmäßige Temperierung und haben eine lange Lebensdauer. Sie sind mit einem internen Fühler versehen und schalten den Heizer einfach ab oder bei Wärmebedarf an. Regelheizer gibt es in drei Varianten: als Stabheizer, als Heizkabel (Bodenheizer) und als Thermofilter.

Stabheizer

Der Vorteil von Stabheizern liegt darin, dass sie einfach mit Saughaltern in einer hinteren Ecke des Aquariums angebracht werden können – sie fallen hinter den Wasserpflanzen fast gar nicht auf. Sie sind klein, kompakt und leicht zu bedienen.

19

Durch einen Bodenheizer haben Ihre Pflanzen immer »warme Füße«, außerdem sorgt er für eine gute Wasserzirkulation. Das Ergebnis: üppiges Wachstum und gesunde Wurzeln.

Heizkabel zur Bodenheizung

Unterschiedliche Temperaturschichten im Wasser können bei der Bodenheizung vermieden werden, da erwärmtes Wasser immer nach oben steigt. Für eine Bodenheizung werden Heizkabel schleifenförmig direkt auf dem Beckenboden verlegt, dort mit Kabelankern fixiert und mit einem Regelgerät, das sich außerhalb des Beckens befindet, verbunden. Die Heizung wird dann mit Kies und Bodendünger bedeckt. Wichtig ist natürlich, dass das Kabel nicht geknickt werden darf. Pflanzenliebhaber setzen deshalb meistens einen Stabheizer und eine Bodenheizung ein. Eine Bodenheizung ist allerdings mit höheren Anschaffungskosten verbunden.

Thermofilter

Eine Kombination aus Regelheizer und Filter sind die so genannten Thermofilter. Hier wird das Aquariumwasser beim Durchlaufen erst gereinigt und anschließend auf die richtige Temperatur gebracht. Sie funktionieren also nach dem Prinzip von Durchlauferhitzern: Das im Filter an der Heizung vorbeifließende Wasser wird erwärmt, bis das Zulaufwasser die eingestellte Temperatur erreicht hat.

20

Ein schneller Blick aufs Thermometer sagt Ihnen jeden Tag, ob die Anlage auch noch einwandfrei funktioniert.

Hinweis: In normal geheizten Räumen (19 bis 23 °C) genügt eine Heizungsleistung von einem halben Watt pro Liter Wasser. Steht das Aquarium in kühleren Räumen, so sollte die Leistung bei etwa einem Watt pro Liter liegen. Dabei ist immer ein Thermometer erforderlich – damit Sie kontrollieren können, ob die Heizung auch wirklich richtig funktioniert. Besorgen Sie sich dazu ein Thermometer, das von außen auf die Aquariumscheibe aufgeklebt wird. Dort können Sie die Temperatur leicht ablesen, und das Thermometer kann nicht veralgen.

Filterung

Filter gehören ebenfalls in jedes Aquarium. Sie reinigen das Wasser von unerwünschten Abfallprodukten wie Futterresten, Fischkot oder faulenden Pflanzenteilen. In den feinporigen Filtern sammeln sich die Schmutzpartikel und können so leicht entfernt werden. Darüber hinaus spielt aber auch die biologische Filterwirkung eine wichtige Rolle: In den gröberen Filtern (Biobälle, Filtergestein, Grobschwamm) setzen sich nämlich die Mikroorganismen, das heißt Bakterien und Pilze ab. Sie gelten als Müllverwerter, denn die gelösten und ungelösten organischen Abfallprodukte werden von ihnen in andere gelöste Stoffe umgewandelt. So werden giftige Stickstoffverbindungen wie Ammoniak oder Nitrit am Entstehen gehindert. Diese können dann leicht durch einen Teilwasserwechsel entfernt werden. Aquariumfilter sind in der Regel aus Schaum- oder Vliesstoff oder aus Aktivkohle.

Filtertypen

21

Da kleine Innenfilter im Verhältnis einen höheren Wasserdurchsatz als die gößeren Außenfilter haben, müssen sie öfter gereinigt werden.

Der Filter besteht grundsätzlich aus den Bauelementen Zulauf, Filterkörper mit unterschiedlichen Filtermaterialien und Rücklauf sowie einer Pumpe. Die Pumpen können entweder direkt einen Wasserfluss erzeugen oder mittels in einem Röhrchen aufsteigender Luft Wasser mitreißen. Das Filtermaterial kann fein, mittel oder grob sein. Es gibt mechanische, biologische und absorbierende Filter. Mechanische Filter befreien das Wasser von Schwebestoffen, weil sich dort langsam Bakterienkulturen bilden, die das Wasser biologisch filtern. Biologische Filter sind bereits mit solchen Bakterienkulturen versehen. Absorptionsfilter werden hauptsächlich zur Enthärtung des Wassers verwendet. Das Angebot an Filtern ist so groß, dass wir eine ausführliche Beratung im Zoofachgeschäft empfehlen. Hier können wir nur einen kleinen Überblick über die gängigen Filtertypen geben.

Innenfilter sind meist sehr kompakt, damit sie im Inneren des Aquariums nicht zu sehr stören.

Filter können sowohl außerhalb wie auch innerhalb des Beckens installiert sein, wobei die größeren Modelle von elektrischen Kreiselpumpen betrieben werden. Eine besondere Filterart ist der biologische Bodenfilter, der unter den Bodenkies verlegt wird.

Außenfilter können groß dimensioniert werden und sind deshalb auch für biologische Filter geeignet.

Innenfilter

Bei Innenfiltern gibt es verschiedene Varianten: Schaumstoffpatronenfilter – sie sind empfehlenswert für kleinere Becken bis zu 40 Litern –, Plastikeckfilter oder Kreiselpumpen mit Schaumstoffpatrone für geößere Becken von etwa 80 bis 400 Litern. Die Schaumstoffpatrone hat ein Porensystem, wodurch eine sehr große innere Filteroberfläche geschaffen werden kann. Darauf bleiben die Bakterien hängen, die das Gift im Becken abbauen. Komplexere Innenfilter haben ein Mehrkammersystem, in dem die unterschiedlichen Filtermaterialien untergebracht sind.

22

Zur Pflege der Innenfilter diese alle zwei bis vier Wochen mit lauwarmem Wasser auswaschen; wenn sie ihre Form verlieren, muss man sie austauschen.

Hinweis: Fest eingebaute Innenfilter stehen den Außenfiltern in nichts nach, in großen Becken sind sie allerdings nur als Zusatzgerät empfehlenswert. Für kleinere Aquarien ist ihre Wirkung ausreichend.

23

Größere Außenfilter lassen sich elegant in einem Unterbau des Aquariums verbergen.

Außenfilter

Außenfilter können entweder im Unterschrank aufgestellt werden oder direkt am Aquarium, in Höhe des Wasserspiegels. Hier kann man zwischen einem Topffilter mit Motorkopf (für Becken von etwa 80 bis 400 Litern) und Biofiltern (für Becken von 100 bis 1.000 Litern) wählen. Viele Experten raten bei der Anschaffung eines Filters häufig zu einer Überdimensionierung, das heißt ein größeres Filtervolumen und genügend Reserven bei der Umwälzleistung und Strömung. Ihr Argument: Das Filtervolumen ist groß, ein Herunterregeln ist später immer noch möglich.

24

Der Belüftungseffekt ist umso größer, je kleiner die Bläschen sind, die nach oben steigen, denn sie bewegen die Wasseroberfläche, wodurch Sauerstoff ins Wasser gelangt.

Belüftung

Fische brauchen Sauerstoff zum Atmen. Der Sauerstoffgehalt im Wasser ist hauptsächlich abhängig von der Beckengröße, der Fischanzahl (in Abhängigkeit von der Größe) und des Pflanzenbestands. Die Ursache für einen Sauerstoffmangel liegt häufig in einer Überzahl an Fischen oder an einer zu geringen Bepflanzung.

Die Fotosynthese, also die Umwandlung von Kohlendioxid in Sauerstoff durch die Pflanzen, findet auch im Aquarium statt. Doch die Pflanzen schaffen die erforderliche Menge nicht allein. In der Natur ist die Sauerstoffproduktion immer größer als der Verbrauch, im Aquarium muss jedoch nachgeholfen werden.

Eine Wasserumwälzung bzw. Durchlüftung ist also von Ihnen einzurichten. Das könnte durch eine Membranpumpe geschehen, zu der

Um Sauerstoffmangel bei Fischen und Pflanzen vorzubeugen, ist eine elektrische Luftpumpe zu installieren.

ein Luftschlauch, eine Ausströmeinrichtung sowie ein Rückschlagventil gehört. Allerdings hat eine Membranpumpe den Nachteil, dass sie bei Dauerbetrieb das Kohlendioxid aus dem Wasser heraustreibt, und das ist schädlich für die Pflanzen. Oft reichen aber auch schon kleine elektrische Luftpumpen, die Raumluft über Ausströmersteine ins Aquarium pumpen.

Dekoration

Bei der Dekoration des Aquariums unterscheidet man zwischen Aquariumhintergrund und Bodengrund. Am Boden können Steine, Wurzeln oder auch Bambus die Landschaft verzieren. Wichtig ist natürlich immer, dass Sie bei der Dekoration nicht allein Ihr optisches Empfinden entscheiden lassen, sondern auch berücksichtigen, dass sich die Fische darin wohl fühlen sollen. Die Fische sollten in jedem Fall genügend Bewegungsfreiraum haben und auch Rückzugsmöglichkeiten, wenn sie ihre Ruhe haben wollen.

Hinweis: Verzichten Sie in einem Süßwasserbecken auf jeden Fall auf Natursteine, Seemuscheln oder Korallenarten, denn sie lösen Kalk und treiben damit die Karbonatwerte in die Höhe.

25

Keine scharfkantigen Steine verwenden, da diese eine Verletzungsgefahr für die Fische darstellen.

Steine

Mit Steinen lässt sich eine abwechslungsreiche Dekoration gestalten. Sowohl ein einzelner großer Stein als auch mehrere kleine verschönern das Landschaftsbild des Aquariums ohne großen Aufwand. Mit verschiedenen Farben erzielen Sie einen noch stärkeren Effekt.
Wichtig ist weiterhin ein ausreichender Abstand zwischen Stein und Aquariumwand, damit auch der dickste Fisch an den Steinen vorbeischwimmen kann. Größere Steine sollten also immer direkt auf den Boden gelegt werden, Türmchen gut fixiert werden und Höhlen, die von vielen Fischen als Schutz in Anspruch genommen werden, sollten ebenfalls gegen Einsturz gesichert werden.

Vorbehandeltes Rotes Sandgestein aus der Zoohandlung eignet sich gut als Aquariumdekoration.

Hinweis: Achten Sie bei der Anordnung der Steine darauf, dass sie stabil und sicher geschichtet sind. Wühlende Fische könnten ansonsten darunter begraben oder eingeklemmt werden.

Nicht alle Gesteinsarten eignen sich für Ihr Aquarium! Entscheiden Sie sich für Ergussgesteine wie beispielsweise Basalt, Granit, Porphyr oder Quarz. In kein Aquarium gehören Sand- oder Kalksteine sowie unbehandelter Beton. Machen Sie den Steintest, indem Sie die Steine mit verdünnter Salzsäure beträufeln. Fängt die Oberfläche an zu schäumen, dann ist der Stein aufgrund seiner Kalkabgabe fürs Aquarium ungeeignet. Alle Steine sollten vor ihrer Verwendung in jedem Fall gründlich gereinigt werden. Hier gibt es zwei Möglichkeiten: Sie können die Steine in einem Topf abkochen oder sie mit klarem Wasser und einer kräftigen Bürste behandeln.

26

Im Zoofachhandel sind Wurzeln aus dem Moor (Moorkienholz) erhältlich; diese sollten jedoch vor dem Einsatz gründlich gewässert werden, da sie sonst das Wasser gelblich färben.

Wurzeln

Wurzeln geben der Unterwasserlandschaft etwas sehr Natürliches. Allerdings ist es empfehlenswert, behandelte Wurzeln im Fachhandel zu kaufen und nicht aus der Natur zu nehmen, denn unbehandelte Wurzeln verfärben das Wasser bräunlich und faulen sehr schnell.

Holz

Auch kleine Baumstämme oder -zweige verleihen der Aquariumlandschaft etwas Ursprüngliches. Damit die Fische keinen Schaden nehmen, muss das Holz sehr gut vorbereitet und haltbar gemacht werden. Dazu das Holz mit einer Bürste abschrubben und auskochen. Verwenden Sie hierzu einen alten Kochtopf. Geben Sie das Holz hinein und lassen Sie Wasser hinzu, bis das Holz vollständig bedeckt ist. Zum Kochen bringen und dann zwei gehäufte Esslöffel Salz hinzugeben. Lassen Sie das Holz ungefähr eine halbe Stunde lang kochen und legen Sie es anschließend in einen Eimer, wo Sie es fünf Tage lang mehrmals am Tag mit frischem Wasser begießen.

27

Das Abkochen von Dekorationshölzern, die nicht aus der Zoohandlung stammen, ist Pflicht.

Bambus

Einen reizvollen optischen Eindruck vermitteln Bambusrohre, sie geben der Wasserlandschaft einen tropischen Anstrich. Allerdings müssen die Rohrenden versiegelt werden. Das kann mit Silikonkautschuk oder mit aquarientauglichem Harz durchgeführt werden. Andernfalls würden nämlich die Bambusrohre von innen her faulen.

Auf Nummer sicher geht man, wenn man vorbehandelte Hölzer und Wurzeln für das Aquarium in der Zoohandlung kauft.

Die Pflanzen

Pflanzen gehören in jedes Aquarium. Ohne sie und die Photosynthese könnte kein Fisch überleben, denn sie tragen zur Ausgeglichenheit der Umweltbedingungen im Aquarium bei. Außerdem bieten die wasserpflanzen den Fischen Laichplätze und Schutz. Die im Aquarium verwendeten Pflanzen kommen gewöhnlich aus tropischen Ländern und aus Europa. Sie werden in extrem luftfeuchten Gewächshäusern gezüchtet, wo sie allesamt über Wasser wachsen.

28

Sollten die Pflanzen sehr lange Wurzeln aufweisen, können Sie diese um etwa zwei Drittel abschneiden.

Hinweis: Beim Pflanzenkauf sollten Sie darauf achten, welche Lebensbedingungen die Pflanze benötigt. Besprechen Sie das mit dem Fachhändler. So gibt es beispielsweise Pflanzen, die sich hauptsächlich im weichen Wasser wohl fühlen; sie gedeihen kaum im harten Wasser.

Grundsätzlich müssen bei der Kultivierung von Aquarienpflanzen einige Regeln beachtet werden. Die Gefahr, dass sie bald nach dem

Hier wird es schon ziemlich eng für die Fische. Achten Sie darauf, nicht zu viele Pflanzen in Ihr Aquarium zu setzen. Schließlich wachsen sie ja noch…

Pflanzentipp für die Ersteinrichtung eines Aquariums

- Seegrasblättriges Trugkölbchen (Heteranthera zosterifolia)
- Brasilianischer Wassernabel (Hydrocotyle leucocephala)
- Bastard Ludwigie (Ludwigia palustris x repens)
- Rundblättrige Rotala (Rotala rotundifolia)

Verzichten Sie zu Beginn auf (rote) Problempflanzen.

Einpflanzen eingehen, ist nämlich bei nicht fachgerechter Durchführung sehr hoch. Und das Auswechseln von Pflanzen in einem bereits eingerichteten Aquarium ist schwieriger als ein Neubesatz.

Im Aquarium dient der Bodengrund dem Verankern der Pflanzen, der Wurzelbildung und der Nährstoffaufnahme. Grundsätzliche Fehler bei der Anlage und Pflege des Bodengrunds sind häufig die Ursache für Kümmerwuchs der Pflanzen.

Verschiedene Düngemittel wirken sich positiv auf den Pflanzenwuchs aus. Die Eisendüngung sorgt beispielsweise für gesunde dunkelgrüne Pflanzen und regt das Wachstum an. Diese Nährstoffdüngung sollte nur bei Bedarf und dann auch nur sparsam erfolgen. Bedenken Sie aber in jedem Fall: Eine Überdüngung ist meist schädlicher als gar kein Dünger! Die Kohlendioxiddüngung hingegen erleichtert allen Aquariumpflanzen das Wachstum, fördert die Wurzelbildung und verkürzt den Umpflanzschock. Das Kohlendioxid stabilisiert den pH-Wert im wachstumsgünstigen Bereich. Dabei ist der zugeführte Kohlenstoff gleichzeitig ein wichtiger Nährstoff.

Düngen Sie nach jedem Wasserwechsel, aber in Maßen. Der Düngerbedarf hängt ganz vom Wachstum der Pflanzen ab. Weil die Gebrauchsanweisungen der Dünger in der Regel auf ein starkes Pflanzenwachstum ausgelegt sind, fangen Sie beim Düngen am besten immer mit der halben Menge an. Später steigern Sie mit jedem Wasserwechsel die Düngung solange, bis das Wachstum aus Ihrer Sicht optimal ist. Allerdings immer vorausgesetzt, dass auch die anderen Pflegefaktoren optimal sind.

29

Ordnen Sie die Pflanzen möglichst in der hinteren Hälfte des Beckens an, so können die Fische im vorderen Teil besser beobachtet werden.

Das Einpflanzen

Für die Erstbepflanzung empfehlen wir unproblematische, schnell wachsende Pflanzen. Sie vermehren sich normalerweise rasant, so dass Sie Kosten und Aufwand sparen können.
Befreien Sie die Wurzel vorsichtig von der eventuell vorhandenen Steinwolle und schneiden Sie sie auf etwa vier Zentimeter zurück. Das ist wichtig, da längere Wurzeln beim Einpflanzen umknicken würden. Außerdem regt das Beschneiden der Wurzel das Wachstum der Pflanze an. Piksen Sie mit einem Finger oder einem spitzen Gegenstand kleine, aber tiefe Pflanzlöcher in den Bodengrund. Stecken Sie dann die Pflanzen hinein, und drücken Sie den Kies von allen Seiten gegen die Pflanze. Ziehen Sie anschließend die Pflanze wieder ein kleines Stück heraus. Dabei ist wichtig, dass der Vegetationspunkt (die Stelle, wo die Pflanze in die Wurzel übergeht) der Pflanze frei bleibt. Bei größeren Pflanzen sollten Sie so viel herausziehen, bis der Wurzelansatz gerade noch zu sehen ist. Manche Pflanzen halten sich vor dem Anwurzeln schlecht im Boden. Beschweren Sie diese mit größeren Steinen, passen Sie aber auf, dass Sie sie dabei nicht verletzen.

30

Fassen Sie Ihre Pflanzen zu Gruppen zusammen und bedenken Sie dabei die jeweilige spätere Größe der Pflanzen, so dass Farben, Formen und Größe miteinander harmonieren.

Pflanzen, die nach dem Einsetzen schlecht im Boden halten, können vorerst mit größeren Steinen beschwert werden, wie bei der Pflanze ganz rechts im Bild.

Gepflanzt wird, wenn das Aquarium zu zwei Dritteln gefüllt ist. Anschließend wird das restliche Wasser hinzugegeben sowie Heizung, Beleuchtung und Filter in Gang gesetzt und ihre Funktionen überprüft. Vor dem Einsetzen der Fische sollte man allerdings mindestens zwei Wochen warten, so dass sich die Pflanzen fest im Boden verankern können.

Probleme mit den Wasserpflanzen

Fast alle Pflanzenarten können sich den individuellen Verhältnissen in einem Aquarium gut anpassen, sie sind robust und entwickeln sich trotz manchmal widriger Umstände prächtig. Und dennoch können Probleme auftauchen. Nachfolgend finden Sie einige Indikatoren für typische Probleme und gezielte Gegenmaßnahmen.

Schnelle Hilfe bei Mangelerscheinung und Kümmerwuchs

Problem	Mögliche Ursache	Hilfe
Blätter werden braun, löchrig oder zerfallen	Mangelnde Beleuchtung	Prüfen, ob die Wattzahl der Beleuchtung der Beckengröße entspricht und ob die Leuchtstoffröhre für das Aquarium geeignet ist.
Pflanzen wachsen nicht	Mangel an Kohlendioxid oder Mineralsalzen	Prüfen Sie, ob die Kohlendioxidwerte im Aquarium stimmen, regelmäßige Mineral- und Eisendüngung
Blätter werden gelb	Mangel an Eisen	Regelmäßige Eisendüngung

31

Wenn die Pflanzen zu stark wachsen, können sie ausgedünnt werden, indem man mit einem scharfen Messer zwei Drittel der Pflanze abschneidet.

Wenn sich Algen bilden

Einige Tage nach der Einrichtung des Aquariums kann es zu starkem Algenwachstum kommen. Der Grund: Die biologische Filterwirkung funktioniert noch nicht ausreichend, weil sich die dafür notwendigen Filterbakterien noch nicht genügend entwickelt haben. Eine weitere Ursache kann sein, dass die Pflanzen zwar schon eingepflanzt, aber

Hier sind an der Wasseroberfläche schon erste Spuren von Veralgung zu erkennen. Vorerst ist das kein Grund zur Sorge, aber man sollte es im Auge behalten.

noch nicht richtig angewachsen sind. Dann ist ihre Stoffwechselaktivität entsprechend gering, sie verbrauchen kaum Nährstoffe. Das hat zur Folge, dass Pflanzendünger oder Fischfutter konkurrenzlos den Algen als Nahrung zur Verfügung stehen. Düngen Sie die Wasserpflanzen nicht in den ersten zwei Wochen und auf keinen Fall, solange ein Algenproblem besteht. Seien Sie großzügig mit dem Einsetzen von Wasserpflanzen, und bevorzugen Sie schnellwüchsige Stängelpflanzen. Wechseln Sie wöchentlich ein Drittel des Wassers, und benutzen Sie einen Wasseraufbereiter.

Wenn Sie Algen entdecken, dann entfernen Sie diese mit der Hand oder einem Algenschaber. Handelt es sich um Grünalgen, dann ist das

32

Wenn Sie einen Algenschaber verwenden, achten Sie darauf, dass keine Bodenkörner zwischen Schaber und Glas geraten, denn dies führt zu unschönen Kratzern.

häufig ein Zeichen für ein Überangebot an Nährstoffen wie Nitrat und Phosphat. Neben dem Wasserwechsel sollten Sie zudem noch den Bodengrund reinigen. Und auch die Beleuchtung hat Einfluss auf das Algenproblem: Reinweiße Tageslichtröhren haben bei Algenproblemen schon oft geholfen.

33

Die Schraubenvallisnerie vermehrt sich so rasant, dass sie schnell zu üppig wird und den Raum der Fische einengt – dann zurückschneiden.

Die beliebtesten Aquariumpflanzen

Die Qual der Wahl ist beim Erwerb von Aquariumpflanzen groß. Um Ihnen bei der Entscheidung zu helfen, wollen wir Ihnen nachfolgend fünf schöne und bei Aquariumbesitzern äußerst beliebte Wasserpflanzen kurz vorstellen.

Riesen- oder Schraubenvallisnerie (Vallisneria americana)

Diese Pflanze findet man überwiegend auf Neuguinea und den Philippinen. Sie eignet sich besonders für die Hintergrundbepflanzung

Pflanzen sind nicht nur wichtig für das richtige »Klima« im Aquarium, sie bieten den Fischen auch Schutz und Laichplätze.

Die Amazonasschwertpflanze nimmt Nährstoffe vor allem mit den Wurzeln auf, daher ist Bodengrunddünger für sie wichtig.

des Aquariums, da sie sich sehr schnell ausbreitet und damit technische Einrichtungen wie Filter und Heizung verdeckt. Die Riesenvallisnerie wird bis zu 100 Zentimeter lang, ihre Blätter erreichen eine Breite von zwei bis drei Zentimetern. Sie fühlt sich wie alle nachfolgend genannten Pflanzenarten in einem mittleren pH-Wert von 6,5 bis 7 wohl.

34

Die Riesenvallisnerie muss regelmäßig zurückgeschnitten werden, denn sie erreicht ein Größe von bis zu 100 Zentimetern.

Amazonasschwertpflanze (Echinodorus amazonicus)

Diese Pflanze ist in Brasilien zu Hause. Sie gehört im Aquarium in den mittleren Bereich und wird etwa 40 Zentimeter hoch. Ihre Blätter treiben einzeln aus. Bei hoher Karbonathärte neigt die Amazonasschwertpflanze zu Kümmerwuchs.

Herzblättriger Wasserwegerich (Echinodorus cordifolius)

Diese Pflanze ist im mittleren und südlichen Nordamerika weit verbreitet. Die Blätter des Herzblättrigen Wasserwegerichs sind, wie der Name schon sagt, herzförmig. Sie wachsen an einem ungefähr 20 bis

25 Zentimeter hohen Stängel und sind 10 bis 15 Zentimeter breit. Ihre großen weißen Blüten treiben auf der Wasseroberfläche und erzeugen so einen schönen optischen Effekt.

Karolina-Haarnixe (Cabomba caroliniana)

Diese feinblättrige Pflanze kommt aus dem südlichen Nordamerika. Sie ist eine Gruppenpflanze, die sich ganz ausgezeichnet für die Hintergrundbepflanzung im Aquarium eignet. Ihr Vorteil: Sie ist robust und kann sich auch manchmal ungünstigen Bedingungen im Aquarium gut anpassen.

Argentinische Wasserpest (Egeria densa)

Die Heimat dieser Pflanze ist Paraguay, Argentinien, Uruguay und Brasilien. Sie ist ausgesprochen schnellwüchsig, robust und verträgt selbst eine hohe Wasserhärte. Die Argentinische Wasserpest ist unproblematisch in der Pflege und deshalb als Aquariumgewächs sehr gut geeignet.

35

Die Argentinische Wasserpest treibt sehr schnell aus, daher relativ bald die Stängel kürzen und ggf. diese Triebe neu einsetzen, um einen kleinen »Wald« zu erhalten.

Wer eine Wasserpflanze sucht, die nur wenig Pflegeaufwand verursacht, der ist mit der Argentinischen Wasserpest gut beraten.

Die Fische

36

Setzen Sie nicht alle Fische gleichzeitig in Ihr Aquarium ein, sondern in kleinen Gruppen und in zeitlichen Abständen.

Die Zusammensetzung Ihrer Fischgesellschaft, das heißt die Vergesellschaftung verschiedener Fischarten in Ihrem Aquarium, sollte nicht wahllos erfolgen. Wichtig ist, dass nur die Fische zusammengebracht werden, die ähnliche Bedingungen an ihre Umwelt stellen und in ihrem Wesen gleich sind.
Aquariumanfänger sollten sich daher auf jeden Fall beim Kauf von einem Fachmann beraten lassen. Vertrauen Sie ruhig Ihrem Zoohändler, denn er hat ja auch kein Interesse daran, wenn seine Kunden ständig wiederkommen und sich darüber beschweren, dass ihre Fische nicht zusammenpassen.
Bedenken Sie bei der Auswahl der Fische auch, dass ein neu eingerichtetes Becken noch kein ideales Biotop ist. Besetzen Sie es also zunächst mit unempfindlicheren Fischen und warten Sie etwas länger mit Fischen, die nicht so robust sind und höhere Ansprüche an ihre Umgebung stellen.

Die Vergesellschaftung der Zierfische

Bezüglich des Wassers gibt es Folgendes zu beachten: Mindestens ein Liter Wasser pro ein Zentimeter Fisch sollte für den friedlichen Fischbesatz vorhanden sein. Wichtig ist auch die Temperatur des Wassers. Achten Sie bei der Zusammenstellung der Fische darauf, dass ihre jeweilig bevorzugten Temperaturen nicht zu weit voneinander entfernt liegen.
Lassen Sie sich beim Fischbesatz genügend Zeit, und machen Sie sich mit den Ansprüchen der einzelnen Arten vertraut, bzw. lassen Sie sich vom Zoohändler beraten. Wählen Sie die Fischarten für Ihr Aquarium nach ihrem Verhalten und nicht ausschließlich nach der Farbzusammenstellung, denn sie sollen ja nicht nur optisch miteinander harmonieren.

Der Skalar ist ein Schwarmfisch, der sich für Becken ab 80 Zentimetern eignet. Er benötigt ausreichend Raum und verhält sich während der Laichzeit revierbildend.

Unterschiedliche Verhaltensweisen

Grundsätzlich werden Fische danach unterschieden, wie sie auftreten: in Schwärmen, paarweise oder als Einzelgänger. Dementsprechend unterschiedlich ist ihr Verhalten und ihr Platzbedarf. Man sollte beim Aquarienbesatz generell auf Ausgewogenheit achten und darauf, dass es zwischen den Fischen zu keinen Spannungen kommt, weder zwischen verschiedenen Arten noch zwischen Artgenossen. Zwei männliche siamesische Kampffische in einem Becken wäre keine gute Idee. Deren Kämpfe würden nicht nur ihnen schaden, sondern auch Unruhe in das Leben der anderen Aquarienfische bringen. Auch bei Fischen mit ausgeprägtem Revierverhalten, etwa bei Buntbarschen, sollte man vorsichtig sein, sonst wird das Aquarium schnell zu eng.

Hinweis: Weniger ist immer mehr: Entscheiden Sie sich für drei bis vier Arten mit je 10 bis 15 Fischen (je nach Beckengröße) und nicht für ein kunterbuntes Sammelsurium mit vielen verschiedenen Fischen. Letzteres bringt nicht nur optische Unruhe in Ihr Aquarium, auch das unterschiedliche Verhalten der einzelnen Fische kann zu Problemen führen.

37

Schwarmfische sind zumeist friedliche Zeitgenossen, die sich mit anderen Fischarten gut vertragen.

Schwarmverhalten

Unproblematisch und vor allem schön anzuschauen sind Schwarmfische. Fischarten mit deutlicher Schwarmbildung sind beispielsweise Barben und Salmler. Warum sich viele Fische so gerne in Schwärmen organisieren, ist immer noch ein Rätsel. Auch wenn Verhaltensforscher keine vebindlichen Gründe dafür nennen können, gibt es doch eine Reihe plausibler Vermutungen: Die Fische können sich im Schwarm besser gegen Raubfische schützen, da sie optisch weit größer erscheinen bzw. ein sehr diffuses Erscheinungsbild ergeben, wenn der ganze Schwarm plötzlich die Schwimmrichtung ändert.
Ein weiterer möglicher Grund für die Schwarmbildung ist, dass viele Augen ganz einfach mehr sehen als zwei Augen und somit potenzielle Feinde viel schneller ausgemacht werden können, so dass schnelle Fluchtreaktionen möglich sind. Der Schwarm ist ein Schutz vor Fressfeinden, denn für einen Räuber ist es fast unmöglich, aus einem Schwarm einen einzelnen Fisch herauszufangen. Besonders wichtig ist dies für Jungtiere, die sich in der Obhut eines Schwarms sicher und geborgen fühlen können.

38

Ein Fischschwarm ist eine Art Schutzgemeinschaft – gegen Fressfeinde und zum Schutz von Jungtieren.

Jede Fischart legt unterschiedliche Verhaltensweisen an den Tag. Achten Sie beim Vergesellschaften darauf, dass die einzelnen Arten sich auch vertragen.

Hinweis: Wenn bei typischen Schwarmfischen einzelne Fische auf Distanz gehen, dann sollte man ein genaues Auge auf sie werfen. Möglicherweise sind sie krank.

Im Aquarium sind schwärmende Fische ein ausgesprochen interessanter Blickfang. Fischarten mit Schwarmverhalten verfügen nämlich meistens über auffällige Zeichnungs- oder Farbmerkmale, die dann in einem Schwarm in der Harmonie der Bewegungen besonders schön aussehen. Der Fortpflanzung sind Schwärme übrigens auch förderlich, da die Wege für ein besamendes Männchen zu einem Weibchen schlicht und einfach kurz sind.

Balz- und Brutverhalten

Nicht nur bei Schwarmfischen ist das Balzverhalten sehenswert. Das Balzverhalten dient in erster Linie dazu, den Befruchtungsakt einzuleiten. Es lässt sich daran erkennen, wenn Männchen und Weibchen sich geradezu nach einer Choreographie zueinander bewegen. Jede Fischart hat ihr eigenes Balzverhalten, das vor allem auch dazu dient, dass sich auch wirklich die richtigen Fische »treffen«. Eine wichtige Funktion übernimmt dabei auch die Zeichnung und Färbung, die sich vornehmlich bei den männlichen Fischen während der Balz zum Teil stark ändert.

Häufig ist es so, dass die Fische Eizellen und Samenzellen ins Wasser abgeben, so dass die Befruchtung außerhalb des Tierkörpers stattfindet. Bei manchen Fischen erfolgt die Befruchtung durch das Begattungsorgan des Männchens, das so genannte Gonopodium, das sich aus der Afterflosse gebildet hat. Das Weibchen gebärt lebenden Nachwuchs und legt nicht einfach Eier, wie es bei vielen Fischen der Fall ist. Aus abgelegten Eiern hingegen – so sie nicht gefressen werden – schlüpfen meist schon nach einem Tag die Larven. Zur Brutpflege der Fischeltern gehört es z.B., das Gelege sauber zu halten oder die Eier oder schon geschlüpften Larven mit den Flossen zu befächeln, um die Sauerstoffzufuhr zu verbessern. Wenn die Larven dann schwimmfähig sind, wird die Brutpflege in der Regel eingestellt.

39

Balz- und Brutverhalten ist bei allen Fischarten anders. Wer selbst Fische züchten will, der sollte sich über die jeweiligen Verhaltensweisen und die individuellen Bedürfnisse der Fische genau informieren.

Die wichtigsten Fischfamilien

Auf den nachfolgenden Seiten möchten wir Sie mit den bekanntesten Fischfamilien für die Aquarienwelt vertraut machen, damit Sie deren Verhalten und Besonderheiten mit Blick auf den möglichen Fischbesatz Ihres Aquariums beurteilen können und nicht den Fehler begehen, unverträgliche Arten in Ihr Aquarium zu setzen.

Die lebend gebärenden Zahnkarpfen

Die lebend gebärenden Zahnkarpfen sind unkompliziert und anpassungsfähig. Allein schon aufgrund ihrer ständigen Nahrungssuche und der damit verbundenen Beseitigung vieler Algenansätze sind sie ideal für das Aquarium. Darüber hinaus enthält keine Aquarienfischgruppe so viele Farbzuchtformen.

Das Verbreitungsgebiet der lebend gebärenden Zahnkarpfen ist Mittelamerika. Während sich die Mehrzahl der Fische durch die Abgabe von Eiern und Spermien vermehrt, die erst im Augenblick des Ausstoßes miteinander in Berührung kommen und dann verschmelzen, ist es für die lebend gebärenden Zahnkarpfen charakteristisch, dass sich die befruchteten Eier bis zum Schlupf der Jungfische im Körper der Weibchen befinden.

40

Bei Nahrungsmangel oder schlechter Wasserqualität kann das Weibchen der lebend gebärenden Zahnkarpfen die Geburt der Jungen sogar hinausschieben.

Dieser Umstand setzt eine Besamung durch Begattung voraus, und so ist die Afterflosse der Männchen zu einem Begattungsorgan (Gonopodium) umgewandelt. Man erkennt das daran, dass sie deutlich verlängert ist und spitz zuläuft. Generell lassen sich Männchen und Weibchen bei dieser Fischart leicht voneinander unterscheiden: Das Männchen weist eine äußerst bunte Färbung auf, während das Weibchen nur eine einfache Farbgebung zeigt.

Beim Weibchen, das meist größer ist als das Männchen, erkennt man die Trächtigkeit an einem dunklen Fleck über dem After und am deutlich aufgetriebenen Leib. Die Jungfische wachsen etwa vier Wochen geschützt im Mutterleib heran.

Diese Fischfamilie verträgt große Schwankungen hinsichtlich der Wasserverhältnisse und ist bezüglich der Ernährung anspruchslos.

Black Molly (Poecilia sphenops)

Herkunft: *Mexiko bis Kolumbien (nur der Wildmolly), die Farbvariante Black Molly kommt zu 90 Prozent aus den Zuchtstationen in Südostasien.*
Länge: *sechs Zentimeter*
Verhalten: *Ein sehr friedlicher Algenfresser.*

41

Der Guppy oder Millionenfisch ist ein beliebter Fisch für Aquarienanfänger, da er sehr leicht zu halten und auch zu züchten ist.

Guppy (Poecilia reticulata)

Herkunft: *Mittelamerika bis Brasilien, heute meist Nachzuchten aus Asien*
Länge: *bis sechs Zentimeter*
Verhalten: *Ein ausdauernder Fisch mit zahllosen Farbvarianten, der nahezu in jedem Aquarium gehalten werden kann.*

Segelkärpfling (Poecilia velifera)

Herkunft: *Mexiko*

Länge: *zehn bis 15 Zentimeter*

Verhalten: *Eine sehr friedliche Art, die auch hartes Wasser vertragen kann. Von den Segelkärpflingen gibt es verschiedene Farbzüchtungen.*

42

Die Zucht der robusten Schwertträger ist problemlos; nur die Männchen können eventuell ein wenig unverträglich sein.

Schwertträger (Xiphophorus helleri)

Herkunft: *Zentralamerika*

Länge: *zehn bis zwölf Zentimeter*

Verhalten: *Ein Fisch, der für jedes Gesellschaftsbecken geeignet ist, von dem es ebenfalls viele Farbvarianten aus Südostasien gibt.*

Platy/Spiegelkärpfling (Xiphophorus maculatus)

Herkunft: *Mexiko, Guatemala und Honduras*
Länge: *drei bis sechs Zentimeter*
Verhalten: *Verspielter Schwimmer, den man in kleinen Gruppen halten sollte. Auch hier gibt es verschiedene Zuchtvarianten aus Südostasien.*

Barben und Bärblinge

Die Barben und Bärblinge gehören zur umfangreichen Verwandtschaft der Karpfenfische und sind weitgehend in Südostasien beheimatet. Unter natürlichen Bedingungen kommen sie in größeren Schwärmen vor und sollten deshalb nicht als Einzeltiere gehalten werden. Nur zur Fortpflanzung werden die Männchen kurzzeitig territorial und paaren sich mit den aus den Schwärmen ausscherenden laichbereiten Weibchen.
Durch ihre ständige Nahrungssuche am Boden erfordert die Haltung von Barben allerdings leistungsstarke Filter, die die im Wasser herumwirbelnden Mulmpartikel entfernen.
Weibchen und Männchen sind bei dieser Fischfamilie nicht immer leicht voneinander zu unterscheiden. Die Weibchen sind mitunter etwas größer als die männlichen Vertreter, während diese bunter gefärbt sein können. Barben wie Bärblinge sind Allesfresser und verzehren auch pflanzliche Nahrung.

43

Da Karpfenfischverwandte nah am Boden leben und gleichzeitig als Allesfresser eine rege Verdauung haben, sollte auf eine gute Filterung geachtet werden.

Mauschmerle (Botia macracanthus)

Herkunft: *Indonesien, Sumatra und Borneo*

Länge: *30 Zentimeter, im Aquarium meist nicht länger als 15 Zentimeter*

Verhalten: *Ein sehr aktiver Schwarmfisch, der auch artfremden Fischen gegenüber sehr verträglich ist.*

44

Für Haibarben muss das Aquariumbecken stets gut abgedeckt sein, denn diese Fische können ausgezeichnet springen.

Haibarbe (Balantiocheilus melanopterus)

Herkunft: *Südostasien, Thailand und Malaiische Halbinsel*

Länge: *35 Zentimeter, daher nur für Becken ab 1,20 Metern zu empfehlen*

Verhalten: *Friedliche Art, die in jedem großen Gesellschaftsbecken eingesetzt werden kann.*

Prachtbarbe (Barbus conchonius)

Herkunft: *nördliches Vorderindien und Bengalen*
Länge: *15 Zentimeter*
Verhalten: *Lebendiger Schwarmfisch, der anspruchslos ist, der aber im Schwarm erst richtig zur Geltung kommt.*

45

Sieben ist eine gute Zahl für einen Schwarm bei der Sumatrabarbe, die sich am besten mit anderen Barben vergesellschaften lässt und ruhigeren Fischen auf die Nerven gehen kann.

Sumatrabarbe (Barbus tetrazona)

Herkunft: *Indonesien, Sumatra und Borneo*
Länge: *sieben Zentimeter*
Verhalten: *Lebhafter, spielfreudiger Schwarmfisch, der im Schwarm eine ausgeprägte Rangordnung befolgt.*

Zebrabärbling (Brachydanio rerio)

Herkunft: *östliches Vorderindien*
Länge: *sechs Zentimeter*
Verhalten: *Zierlicher, aber temperamentvoller Schwarmfisch, der – wie alle anderen Barben – erst in einem großen Schwarm zur Geltung kommt.*

46

Die Siamesische Rüsselbarbe schätzt dichten Pflanzenwuchs sowie glatte Wurzeln und Steine.

Siamesische Rüsselbarbe (Crossocheilus siamensis)

Herkunft: *Südostasien und Thailand*
Länge: *14 Zentimeter*
Verhalten: *Artgenossen neigen zu Streitigkeiten. Gegenüber anderen Fischen sind sie friedlich. Die Rüsselbarbe ist ein sehr guter Algenfresser.*

Keilfleckbarbe (Rasbora heteromorpha)

Herkunft: *Südostasien, Westmalaysia und Singapur*
Länge: *vier Zentimeter*
Verhalten: *Lebhafter und sehr friedlicher Schwarmfisch, der gut mit anderen Fischen harmoniert.*

47

Die Saugschmerle wird gerne zur Vernichtung der Algen herangezogen, doch oft zieht sie mit zunehmendem Alter schöne Pflanzen den Algen vor.

Saugschmerle (Gyrinocheilus aymonieri)

Herkunft: *Hinterindien und Zentralthailand*
Länge: *bis 30 Zentimeter*
Verhalten: *Typischer Revierfisch, der das Revier gegenüber anderen Fischen energisch verteidigt.*

Salmler

Die Artenfülle der in Südamerika und Afrika beheimateten Salmler, die zu den beliebtesten und häufigsten Aquarienfischen zählen, ist unübersehbar. Noch heute werden immer wieder neue Salmlerarten entdeckt und beschrieben.

Wie die Barben leben auch die Salmler in großen Schwärmen, deren Verhalten im Aquarium erst in Gruppen von mindestens sechs bis zehn Stück zur Geltung kommt.

Das äußere Erkennungszeichen der Salmler ist die so genannte Fettflosse. Ihr Zweck ist allerdings unbekannt. Salmler sind lang gestreckte, flinke Fische, die in fließendem Wasser leben und sauerstoffbedürftig sind. Wer also Salmler im Aquarium halten möchte, benötigt ein langes Becken, damit die Fische genug Platz haben, und zudem einen leistungsstarken Filter, der für ständige Strömung sorgt.

Männchen und Weibchen lassen sich gut voneinander unterscheiden, da Erstere bunter und Letztere größer sind.

48

Ein Schwarm von etwa 15 Fischen und mehr fühlt sich in einem dicht bepflanzten Aquarium besonders wohl.

Roter Neon (Paracheirodon axelrodi)

Herkunft: *Venezuela, Brasilien, Zuflüsse des Rio Negro*

Länge: *fünf Zentimeter*

Verhalten: *Ein sehr friedlicher Schwarmfisch, der sich für jedes Gesellschaftsbecken eignet.*

Kupfersalmler (Hasemania nana)

Herkunft: *Ostbrasilien, Westbrasilien, Rio-Purus-Zuflüsse*
Länge: *fünf Zentimeter*
Verhalten: *Ein ausdauernder, munterer Schwarmfisch, der sich für jedes Gesellschaftsbecken eignet.*

49

Der Blutsalmler eignet sich für Beckengrößen ab 60 Zentimetern und benötigt eine Wassertemperatur zwischen 22 und 28 °C.

Blutsalmler (Hyphessobrycon callistus)

Herkunft: *südliches Amazonasbecken und Paraguay*
Länge: *vier Zentimeter*
Verhalten: *Ein sehr intensiv rot gefärbter Schwarmfisch, der manchmal gegen kleinere und schwächere Artgenossen aggressiv ist.*

Kirschflecksalmler (Hyphessobrycon erythrostigma)

Herkunft: *Peru*

Länge: *bis sechs Zentimeter*

Verhalten: *Ein friedlicher Schwarmfisch, der durch seinen beinahe gänzlich transparenten Körper fasziniert.*

50

Mit anderen Salmlerarten vergesellschaftet fühlt sich der auffällige Rotkopfsalmler am wohlsten.

Rotkopfsalmler (Petitella georgiae)

Herkunft: *Brasilien*

Länge: *fünf Zentimeter*

Verhalten: *Ein friedlicher Schwarmfisch, der durch sein rot glänzendes Maul ein schöner Blickfang für das Aquarium ist.*

Schrägschwimmer (Thayeria boehlkei)

Herkunft: *Brasilien*

Länge: *sechs Zentimeter*

Verhalten: *Ein ruhiger Schwarmfisch, der nur im großen Verband richtig zur Geltung kommt.*

Labyrinthfische

Besonders in Südostasien – und dort in sehr sauerstoffarmen Gewässern – leben diese Fische. Sie haben zusätzlich zu den Kiemen ein weiteres Atmungsorgan, das so genannte Labyrinth. Mit diesem Organ können die Labyrinthfische durch Luftschnappen zusätzlich Sauerstoff von der Wasseroberfläche aufnehmen.

Von den kleinen Zwerggguramis bis hin zu den kiloschweren Riesenguramis, die in Asien zu den beliebten Speisefischen gehören, reicht die Größenpalette dieser farbenprächtigen Fische.

Ihre Fortpflanzung beginnt mit dem Bau eines Schaumnests an der Wasseroberfläche, dessen Bau zumeist das Männchen übernimmt, das nach der Paarung auch für die Pflege des Laichs und später der Jungtiere verantwortlich ist.

Die Männchen sind durchweg bunter gefärbt als die Weibchen und auch größer und zeigen zudem die für diese Fischfamilie typischen gut entwickelten und ausgezogenen Flossen.

51

Für Labyrinthfische darf das Aquarium nicht bis oben hin mit Wasser gefüllt sein, da sie noch Platz zum Atmen oberhalb des Wasserspiegels benötigen.

Siamesischer Kampffisch (Betta splendens)

Herkunft: *Thailand und Kambodscha*

Länge: *sieben bis acht Zentimeter*

Verhalten: *Einzelgänger, den man mit ein bis zwei Weibchen im Becken halten kann, der aber sehr aggressiv auf ein weiteres Männchen reagiert.*

52

Der Mosaikfadenfisch liebt dichten Pflanzenwuchs und Wasser, das mit Torfextrakt angereichert wurde.

Mosaikfadenfisch (Trichogaster leeri)

Herkunft: *Malaysia, Borneo und Sumatra*

Länge: *zwölf Zentimeter*

Verhalten: *Ein ruhiger Fisch, den man in kleinen Gruppen halten sollte. Es werden sich schnell Paare finden.*

Blauer Fadenfisch (Trichogaster trichopterus)

Herkunft: *Südostasien, Malaysia, Thailand, Burma und Vietnam*
Länge: *zehn Zentimeter*
Verhalten: *Sehr friedlicher Fisch, wobei die Männchen manchmal rauflustig sind. Weit verbreitet ist die gelbe Zuchtvariante (Foto).*

53

Guramis sollten wegen ihrer Größe nur in ein Aquarium ab 80 Zentimetern aufwärts eingesetzt werden.

Küssender Gurami (Helostoma temmincki)

Herkunft: *Thailand und Japan*
Länge: *bis 30 Zentimeter, im Aquarium meist bis 15 Zentimeter*
Verhalten: *Sie pressen ihre Mäuler, wie bei einem Kuss, gegeneinander, um ihre Stärke zu präsentieren und ihr Revier zu verteidigen.*

Welse

54

Welse sind sozusagen die »Saubermänner« des Aquariums, weil sie auf den Boden gesunkenes Futter und Algen verzehren.

Possierliche Panzer- und skurrile Harnischwelse dürfen in fast keinem Aquarium fehlen. Sie stammen aus einer großen Familie, die Artenzahl dürfte weit über 1.000 liegen. Welse sind auf allen Erdteilen weit verbreitet, sie gelten als sehr anpassungsfähig.

Sie gehören zu den Bodenfischen und sind deshalb als »Saubermänner« und Algenputzer äußerst nützlich. Allerdings reicht ihnen diese »Staubsaugerarbeit im Aquarium« als Nahrung nicht allein aus. Sie benötigen darüber hinaus spezielle Futtertabletten und Futter mit einem hohen Pflanzengehalt, damit sie sich nicht an den Wasserpflanzen »vergreifen«. Welse lassen sich also nicht einfach so »nebenbei« pflegen. Sie haben höhere Ansprüche, beispielsweise müssen sie abends gefüttert werden, da viele Welsarten dämmerungs- und nachtaktiv sind.

Diese Fische haben keine Schuppen, sondern sind entweder nackt oder mit großen Knochenplatten bedeckt. Am Maul befinden sich die so genannten Barteln, die bei den Arten mit Saugmaul jedoch recht klein ausfallen können. Die meisten Welsarten leben am Bodengrund und ernähren sich dort von den verschiedensten Nahrungsquellen: Panzerwelse bevorzugen Insektenlarven und Würmer, Harnischwelse raspeln Algen auf Steinen und Hölzern ab.

Die bodennahe Lebensweise der Welse bedingt dann auch, dass keine scharfkantigen Materialien für den Bodengrund des Aquariums gewählt werden dürfen. Ferner sollte man den Welsen, damit sie sich im Aquarium auch wirklich wohl fühlen, in ausreichendem Maß Schlupfwinkel unter Wurzelwerk sowie kleine Höhlen und Spalten zum Verstecken und gegebenenfalls auch zum Laichen anbieten.

55

Nicht alle Welsarten sind friedliche Zeitgenossen. Informieren Sie sich deshalb beim Kauf genau!

Welse bilden mit ihrer zum Teil auffälligen Zeichnung – z. B. der schwarzweiße Zebraharnischwels – einen interessanten Kontrast zu den bunten Schwarmfischen in der oberen Hälfte des Aquariums. Da es auch räuberisch lebende Welsarten gibt, sollte man sich vor dem Kauf genau darüber informieren. Ebenso natürlich auch darüber, ob die jeweilige Welsart lieber in kleinen Gruppen von vielleicht sechs bis acht Tieren oder bevorzugt als Einzelgänger lebt.

Smarargd-Panzerwels (Brochis splendens)

Herkunft: *Oberamazonas, Ecuador und Peru*
Länge: *sieben Zentimeter*
Verhalten: *Friedlicher Bodenfisch, der in der Natur in großen Schwärmen von 500 bis 1.000 Stück vorkommt.*

56

Welse – wie auch der Sterbas Panzerwels – bevorzugen Unterstände mit Wurzeln und Steinhöhlen, in denen sie sich verstecken können.

Sterbas Panzerwels (Corydoras sterbai)

Herkunft: *Brasilien*
Länge: *neun Zentimeter*
Verhalten: *Gehört zu den friedlichen Bodenfischen und ist in der freien Natur, in den Quellflüssen des Amazonas, zu Tausenden anzutreffen.*

Punktierter Wels (Ancistrus Temminckii)

Herkunft: *Brasilien*

Länge: *13 Zentimeter*

Verhalten: *Anspruchsloser und friedlicher Fisch, der dämmerungs- und nachtaktiv ist.*

57

Der Zebraharnischwels ernährt sich unter anderem von Algen und hält auf diese Weise das Wasser sauber.

Zebraharnischwels (Hypancistrus Zebra)

Herkunft: *Südostbrasilien*

Länge: *zehn Zentimeter*

Verhalten: *Guter Gesellschafter, der gleichzeitig ein Algenfresser ist und somit die Wasserqualität hebt.*

Drei Vorschläge für den ersten Fischbesatz
(Aquariengröße 60 x 30 x 30 Zentimeter)

In den ersten zehn Tagen	Nach 20 Tagen	Nach vier Wochen
1. Vorschlag: 3 Rüsselbarben 1 gemalter Schwielenwels	10 rote Neon, 5 Blutsalmler, 2 Mosaikfadenfische, 3 Panzerwelse	1 Paar Platys, 1 Paar Schwertträger
2. Vorschlag: 3 Rüsselbarben,	10 Zebrabärblinge, 6 Sumatrabarben, 3 Panzerwelse	1 Paar Segelkärpflinge
3. Vorschlag: 3 Rüsselbarben	1 Paar Fadenfische (blaue oder goldene Zuchtform), 10 Keilfleckenbarben, 10 Zebrabärblinge	3 Siamesische Kampffische (1 Männchen, 2 Weibchen), 1 Paar Mosaikfadenfische

58

Vermeiden Sie während des Transports allzu viel Stress für die Fische. Am besten wählen Sie einen undurchsichtigen Isolierbehälter für den Heimweg von der Zoohandlung.

Transport und neuer Lebensraum

Bestimmt haben Sie sich bereits gefragt, wie Sie die Fische gesund und munter vom Fachhändler in Ihr Aquarium transportieren. Ein wichtiges Thema, denn ein nicht sachgerecht durchgeführter Transport kann für den Fisch schnell zu einem Schock führen.

Im Normalfall verwenden die Zoofachhändler spezielle Transportbeutel. Sie werden zur Hälfte mit dem Wasser aus dem Verkaufsbecken gefüllt, dann werden die Fische hineingegeben. Anschließend wird Luft in die Beutel gefüllt. Achten Sie unbedingt darauf, dass an kälteren Tagen die Beutel mit den Fischen in Zeitungspapier oder Thermotüten gehüllt werden. So verpackt können Sie die Fische ungefähr eine bis anderthalb Stunden transportieren.

Transportbeutel sollten vor allem an kälteren Tagen mit Zeitungspapier oder einem zusätzlichen Thermobeutel isoliert werden.

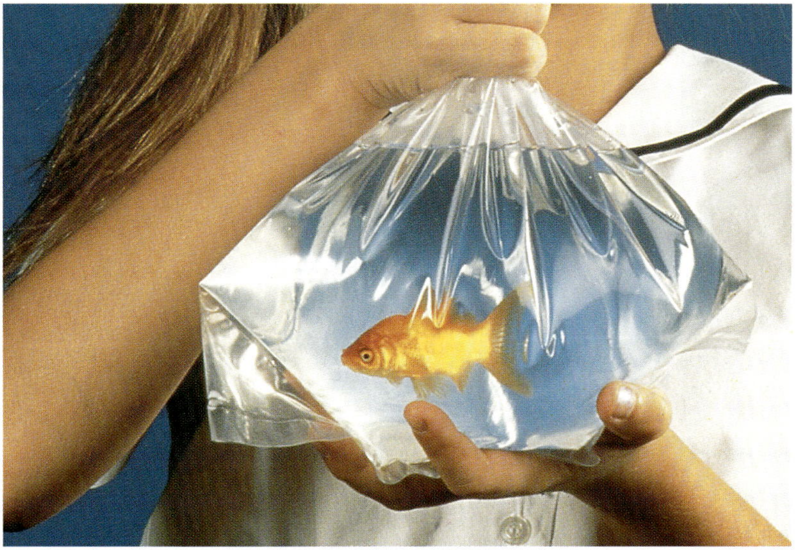

Zu Hause angekommen, wird der Beutel auf die Wasseroberfläche des Aquariums gelegt. Dort bleibt er etwa eine Viertelstunde liegen, so dass sich während dieser Zeit die Temperaturen angleichen. Danach wird der Beutel geöffnet (gut festhalten!) und das Aquariumwasser in kleinen Portionen in den Beutel gelassen.

Wenn der Beutel gefüllt ist, dann lassen Sie die Fische ganz vorsichtig heraus. Wichtig ist hierbei, dass Sie die Fische nicht einfach ausgießen, sondern dass sie aus freien Stücken in ihr neues Zuhause schwimmen.

Eine leichte Schockfärbung und ein Zurückziehen in Richtung Bodengrund oder zwischen die Pflanzen sind ganz normale Reaktionen und kein Grund zur Beunruhigung. Dieses Verhalten sollte aber nach einer halben bis zu einer Stunde vorbei sein. Dann wird der Fisch neugierig und will sein neues Revier erkunden.

Wenn er daran kein Interesse zeigen sollte oder sonst auffälliges Verhalten an den Tag legt, sind unbedingt die Wasserbeschaffenheit (siehe Seite 8 ff.) und die Temperatur zu überprüfen. Zusätzlich sollten Sie auf Krankheitssymptome achten. Die häufigsten Fischkrankheiten und ihre Symptome werden im Folgenden vorgestellt.

59

Lassen Sie, während sich die Fische langsam an ihr neues Zuhause gewöhnen, die Aquariumbeleuchtung ausgeschaltet und füttern Sie die Tiere nicht sofort.

Krankheiten

Gute Umwelt- und Lebensbedingungen sind für die Fische der beste Schutz vor Krankheiten. Schlechtes Wasser, mangelnde Vitamine im Futter oder von neuen Fischen eingeschleppte Erreger können zu Erkrankungen führen. Der Zoofachhandel hat eine große Auswahl an Medikamenten, die zur Heilung Ihrer Zierfische beitragen.

Bei der täglichen Fütterung sollten Sie daher stets ein Auge auf den Gesundheitszustand Ihrer Fische werfen. Achten Sie auf Farbveränderungen, Flossenklemmen, Fressunlust, Schaukeln oder Pünktchen bzw. Pilze auf der Haut.

Die häufigsten Fischkrankheiten und ihre Behandlung

Symptome	Diagnose	Heilung
Die Farben des Fisches verblassen, die Flossen fransen aus und sterben ab	Flossenfäule	Ein Drittel des Wassers wechseln, Filter reinigen, Sauerstoffgehalt erhöhen, Medikamente aus dem Zoofachhandel
Schimmel-, watteartige Beläge auf den Fischen	Verpilzungen infolge von Schleimhautschäden	Ein Drittel des Wassers wechseln (ohne Aufbereitungsmittel), Vitamine zugeben, Filter reinigen, Sauerstoffgehalt erhöhen, Medikamente aus dem Zoofachhandel
Immer dicker werdender Fisch, kurz vorm Platzen; abstehende Schuppen	Bauchwassersucht	Sauerstoffgehalt und Temperatur erhöhen, befallene Fische separieren (Quarantänebecken), Medikamente aus dem Zoofachhandel
Überall weiße Punkte, Flossenzucken, kein Appetit	Weißpünktchenkrankheit	Medikamente aus dem Zoofachhandel
Grießartiger gelblicher Pünktchenbefall	Samtkrankheit	Medikamente aus dem Zoofachhandel

60

Viele Fischkrankheiten können durch gleichbleibend gute Wasserqualität, richtigen Besatz und aufmerksame Pflege vermieden werden.

Das Aquarium im Alltag

Das Aquarium muss nicht mehrmals am Tag »Gassi geführt« werden, doch etwas Pflege braucht es trotzdem jeden Tag. Es ist also nicht so, dass ein Aquarium – einmal eingerichtet – wochenlang in der Ecke steht und nur angeschaut werden will. Es gibt täglich anfallende Arbeiten, manch andere müssen nur wöchentlich, monatlich oder viertel- bis halbjährlich erledigt werden.
Was genau zu tun ist, erklären wir Ihnen in diesem Kapitel. Außerdem haben wir uns mit der Urlaubsfrage beschäftigt. Denn auch wenn Sie auf Reisen sind, muss das Leben im Aquarium auch in Ihrer Abwesenheit wie gewohnt weiterlaufen.

Die Pflegemaßnahmen

61

Zur täglichen Routine gehören beispielsweise Fütterung und Überprüfung der Fische, der Wassertemperatur sowie der technischen Systeme.

Die Einrichtung des Aquariums kostet am meisten Zeit. Steht es, und haben sich Fische und Pflanzen eingelebt, dann ist die Pflege nur noch mit relativ geringfügigem Aufwand verbunden. Allerdings: Die Pflege muss regelmäßig erfolgen und sachgemäß ausgeführt werden, das ist sehr wichtig.
Ein teilweiser Wasserwechsel, das Entfernen abgestorbener Blätter und des am Boden angesammelten Mulms (die am Boden abgelagerte Schicht aus abgestorbenen Pflanzenteilen und Fischkot) sowie das Auswechseln und die Reinigung der Filterwatte können bequem am Wochenende vorgenommen werden. Machen Sie das in Ruhe, um zum Beispiel den Mulm am Boden nicht unnötig aufzuwirbeln.
Eine Neueinrichtung ist in der Mehrzahl der Fälle erst nach zwei bis drei Jahren fällig, dann, wenn der Bodengrund zugesetzt ist und der Pflanzenwuchs trotz regelmäßiger und ordentlicher Pflege stehen bleibt oder sogar zurückgeht.

Pflegeplan für jedes Aquarium

Täglich zu erledigende Pflegemaßnahmen:

- Fütterung
- Fische auf Gesundheitszustand checken
- Technik überprüfen (Filter, Temperatur)

Einmal pro Woche vorzunehmen:

- Ein Drittel bis ein Viertel des Wassers wechseln, Wasserwerte messen und regulieren
- Mulm absaugen, eventuell Pflanzen düngen
- Scheiben reinigen

Einmal pro Monat durchzuführen:

- Wasserpflanzen auslichten und schneiden
- Kreiselpumpe, Innenfilter reinigen

Einmal im Vierteljahr sollte man:

- Außenfilter reinigen

Einmal im Halbjahr ist notwendig:

- Leuchtstoffröhren wechseln
- Schläuche wechseln

62

Die hier angegebenen Pflegezeiträume sind Richtwerte. Es kann z. B. durchaus vorkommen, dass ein Filter schon eher verschmutzt ist.

Futter und Fütterung

Auch bei Fischen ist eine gesunde Ernährung lebenswichtig, sie sollte ballaststoff- und abwechslungsreich sein. Schlechtes Futter kann zu Verfettung und Verdauungsproblemen führen. Mangelerscheinungen durch falsche Fütterung können als Vorboten von Krankheiten auftreten. Das Futter für Aquarienfische ist sehr vielfältig, die Palette umfasst Lebend- (Gefrier-), Trocken- und Grünfutter.

63

Wie Menschen sind auch Fische auf eine abwechslungsreiche Ernährung angewiesen. Trockenfutter allein ist nicht ausreichend.

Lebendfutter (Gefrierfutter)

Zu dieser Futterart gehören unter anderem Mückenlarven, Kleinkrebse und unter Umständen auch Tubifex (Schlammröhrenwürmer). Der Begriff »Lebendfutter« umfasst sowohl lebende Futtertiere als auch Gefrierfutter, auch Frostfutter genannt. Gefrierfutter besteht aus tiefgefrorenen Futtertieren, es wird im Zoohandel in Form von Tafeln, ähnlich wie Schokoladentafeln, angeboten. Gelagert wird es im Tiefkühlfach. Bei längerer Lagerung sollte es auf alle Fälle ein 3-Sterne-Tiefkühlfach sein. Vergessen Sie auch nie, das Gefrierfutter

64

Einsteiger sollten Lebendfutter immer im Zoofachhandel kaufen, nicht selbst züchten.

In der Zoohandlung gibt es Gefrierfutter in praktischen Portionspackungen.

entsprechend zu kennzeichnen, damit es auf Ihrer eigenen Speisekarte keine unangenehmen Überraschungen gibt.
Zur Fütterung wird ein entsprechendes Stück von der Tafel abgebrochen, in etwas Wasser aufgetaut oder so lange an der Wasseroberfläche des Aquariums geschwenkt, bis es ganz aufgetaut ist. Einen Qualitätsunterschied vom Gefrierfutter zu den lebenden Tieren gibt es nicht zwangsläufig, allerdings sind mögliche Krankheitskeime durch den Gefriervorgang abgestorben. Ein Pluspunkt für das Frostfutter, denn hier lauert Gefahr: Über die lebenden Futtertiere können Krankheiten auf die Fische im Aquarium übertragen werden.
Fortgeschrittene, die mehr Erfahrungen gesammelt haben, können sich auch an die eigene Züchtung von Lebendfutter wagen. Doch von Selbstgefangenem sollten auch sie die Finger lassen. Die Risiken sind zu groß, denn die Gewässer sind vielfach verschmutzt. Oder aber sie stehen unter Naturschutz. Dann ist es verboten, Kleinstlebewesen wie Kaulquappen oder Larven von Molchen und Salamandern aus dem Wasser zu fischen.

Mückenlarven

Mückenlarven sind für alle Fischarten geeignet. Voraussetzung: Sie mögen Lebendfutter und sind nicht zu klein für Mückenlarven. Als Futtertiere eignen sich lebende weiße sowie rote und schwarze Mückenlarven. Weiße Büschelmückenlarven können in der kalten Jahreszeit im Zoohandel gekauft werden.

Hinweis: Zu Hause sollten die Mückenlarven im Keller oder im Freien in Eimern mit klarem Wasser aufbewahrt werden. In einem zu warmen Raum droht die Gefahr, dass die Larven schlüpfen.

Rote Zuckmückenlarven gibt es das ganze Jahr beim Zoohändler. Sie werden in feuchtes Zeitungspapier oder in ein Tuch eingeschlagen. Fragen Sie nach ihrer Herkunft, denn lebende rote Mückenlarven sind gelegentlich schadstoffhaltig, wenn sie aus belasteten Gewässern gefischt werden. Südostasiatische Produkte gelten als unbedenklich. Schwarze Stechmückenlarven gibt es nur als Gefrierfutter zu kaufen.

65

Grundsätzlich sollten die einzelnen Futterarten abgewechselt und auf keinen Fall einfach miteinander vermengt werden, da sich die Fische sonst nur ihre »Lieblingsspeise« heraussuchen und sich somit einseitig ernähren würden.

Kleinkrebse

Zu der Familie der Kleinkrebse gehören Wasserflöhe, Mysisgarnelen, Cyclops, Bosmiden und Artemia. Sie gehören zu den gängigsten Futtertieren und sind als einfach handzuhabendes Gefrierfutter im Zoofachhandel erhältlich. Durch ihre unverdauliche Schale sind sie für die Fische reich an Ballaststoffen. Außerdem enthalten sie Karotinoide, das sorgt bei den Fischen für die natürliche Rotfärbung. Auf Kleinkrebse sollte bei der Fütterung also nicht verzichtet werden.

Tubifex

Die Schlammröhrenwürmer, die einen hohen Fett- und Proteingehalt haben, und die sich daher nur als Zusatzfutter eignen, gibt es beim Zoohändler ausschließlich lebend. Von Tubifex ist jedoch unserer Meinung nach eher abzuraten, denn Tubifex sind zumeist stark schadstoffbelastet. Tubifex graben sich nämlich durch den Schlamm am Grund der Gewässer und nehmen so auch alle möglichen Krankheitserreger in sich auf.

66

Wer trotz Schadstoffbelastung Tubifex füttern will, sollte die Würmer vor der Fütterung etwa drei Tage in Wassereimern halten, um die schädlichen Werte zu senken. Dabei das Wasser täglich wechseln.

Trockenfutter

Mit Trockenfutter erhalten die Fische ihre Grundnahrung; es enthält reichlich Ballaststoffe und alle wichtigen Nährstoffe. Trockenfutter gibt es in Form von Flocken, als Tabletten und Granulat. Während die Futtertabletten rasch auf den Boden sinken und sich daher gut für Bodenfische eignen, schwimmen Futterflocken und -granulat zunächst einmal auf der Wasseroberfläche und sinken nur ganz langsam auf den Aquariumboden hinab. Flockenfutter gibt es in verschiedenen Variationen: klein, mittel, groß – sie werden je nach Fischgröße eingesetzt. Darüber hinaus werden die Flocken nach ihren Inhaltsstoffen unterschieden: So gibt es für die Vegetarier unter den Fischen pflanzenreiche Flocken.

Hinweis: Trockenfutter muss trocken gelagert werden. In geöffneten Dosen verliert das Trockenfutter nach etwa drei Monaten seine Vitamine und Nährstoffe. Länger sollte es also an der Luft nicht aufbewahrt werden.

Beobachten Sie das Verhalten Ihrer Fische beim Füttern genau. Wenn Sie z. B. das Fressen verweigern, dann stimmt etwas nicht.

Grünfutter

Viele Fische brauchen zum Leben Grünfutter. Sie können es entweder als Trockenfutter im Zoohandel kaufen oder frisches Grünzeug füttern. So können Sie z. B. Spinat- oder Salatblätter füttern, die kurz überbrüht wurden. Eine andere Möglichkeit ist fünf Minuten gekochter Rosenkohl oder auch rohe Kartoffelstückchen.

67

Frisches Grünzeug sollte nie länger als zwei Tage im Aquariumwasser bleiben, dann muss es herausgeholt werden, da es durch Fäulnis das Wasser belastet.

Vitamine

Auch den Fischen bekommt eine regelmäßige »Vitaminspritze« sehr gut. Zusätzliche Vitamine können Sie als Multivitaminpulver verabreichen, das Sie zusammen mit dem Futter ausgeben, oder Sie träufeln einige Tropfen eines Vitaminpräparats auf das Gefrierfutter.

Hinweis: Futter ist nicht gleich Futter. Halten Sie sich an die hier beschriebenen Futterarten. Geben Sie den Fischen keine Küchenabfälle, auch keine Brotkrumen oder Haferflocken, denn den Fischen bekommt das nicht, und es verschlechtert rapide die Wasserqualität.

Die richtige Fütterung

Es gibt nicht nur bei den Futterarten einiges zu beachten, auch bei der Fütterung selbst müssen verschiedene Regeln eingehalten werden.

Hinweis: Die Fische dürfen nur so viel Futter bekommen, wie sie sofort fressen können. Ansonsten würde das restliche Futter zu Boden sinken und dort zu Verunreinigungen des Wassers führen. Ausnahme: die Futtertablette.

68

Ist zu viel Futter ins Aquarium gepurzelt, dann benutzen Sie den Mulmsauger und befreien den Boden. Achten Sie auch auf den Filter, in dem sich eventuell auch Futter abgesetzt hat.

Die wichtigsten Futtertipps im Überblick

Nehmen Sie sich Zeit für die Fütterung. Beobachten Sie die Fische: Fressen alle? Futterverweigerung ist ein Zeichen für Krankheiten.

- Bringen Sie Abwechslung in die Fütterung. Flocken sind Grundnahrungsmittel, sie sollten als Hauptfutter immer zuerst gegeben werden. Dabei dürfen die Flocken nicht tiefer als ein Drittel der Beckenhöhe herabsinken. Fallen sie tiefer, haben Sie zu viel gefüttert.
- Lebendfutter (auch in gefrorener Form) nur als Zusatz füttern. Teilen Sie das Gefrierfutter in ein Kubikzentimeter große Würfel.
- Flocken, Granulatkörner und das Gefrierfutter können durch das Futterloch gestreut werden, die Futtertabletten werden einfach ins Wasser geworfen.
- Am besten mehrere kleine Portionen über den Tag verteilt füttern. Wenn Sie zeitlich nur morgens und abends füttern können, dann achten Sie darauf, dass Sie langsam füttern, und das Futter in kleinen Portionen verabreichen.
- Niemals direkt nach Anstellen der Beleuchtung füttern! Die Fische brauchen eine halbe Stunde, um sich an das Licht zu gewöhnen, um richtig wach zu werden.
- Nie direkt nach einer Ruhestörung füttern! Wenn Sie also gerade am Aquarium gearbeitet haben, sollten Sie mit der Fütterung etwa eine Stunde warten.
- Der Filter sollte bei der Fütterung immer weiterlaufen, nie abstellen. Sollten sich Futterteile im Filter festsetzen, muss dieser danach gereinigt werden.

69

Fische brauchen Ruhe bei der Fütterung. Vermeiden Sie auch das Füttern unmittelbar nach einer Ruhestörung, z. B. einem Wasserwechsel.

Wasserqualität prüfen

Die biochemischen Vorgänge im Wasser müssen regelmäßig überprüft werden, am besten einmal pro Woche. Nur so kann der Aquarianer sichergehen, dass das kleine Ökosystem im Aquarium aufrechterhalten wird. Wichtig sind dabei die Überprüfung von Wasserhärte, Säuregrad des Wassers (pH-Wert), Nitrit-Nitrat-Gehalt und der im Wasser vorhandenen Gase Sauerstoff und Kohlendioxid. Die nötigen Reagenzien und Präparate hierfür erhalten Sie im Zoofachhandel (siehe auch Seite 8 ff.).

Reinigungsarbeiten

Auf keinen Fall sollten Sie vergessen, den Stecker von Pumpe und bzw. oder Heizung zu ziehen, bevor Sie mit den Reinigungsarbeiten beginnen!

Hinweis: Filter- und Wasserwechsel niemals zeitgleich durchführen, zwischen beiden Reinigungen sollten mindestens zehn Tage liegen. Wird beides zusammen durchgeführt, werden sowohl der Bakterienstamm des Filters als auch der Bakterienstamm des Wassers auf einmal vernichtet. Damit würde dem Biotop die lebenswichtige Grundlage entzogen. Bei getrennter Reinigung kann sich die Unterwasserwelt leichter regenerieren.

70

Bei einem Wasserwechsel sollte nie mehr als ein Drittel des Beckeninhalt auf einmal entnommen werden, sonst ändern sich die Wasserwerte im Becken zu schnell für Fische und Pflanzen.

Für den Wasserwechsel benötigen Sie eine Mulmglocke, um den Dreck von den Steinen zu saugen. Durch den Sog, der in der Glocke entsteht, werden die Steine gereinigt und das Wasser gleichzeitig gewechselt. Außerdem müssen die Zwischenräume der Dekoration von Kot, Dreck und Futterresten befreit werden. Sie sollten dabei jedoch nie mehr als 30 Prozent des Wassers aus dem Aquarium entnehmen. Unter einem zu schnellen Wechsel der Wasserqualität leiden Ihre Fische.
Mit einem Algenschaber oder Scheibenmagnet werden die Scheiben und stark veralgte Gegenstände gesäubert. Diese Form der Reinigung

Wenn Sie mit Ihrem Kind zusammen ein Aquarium betreiben, sollten Sie es ermutigen, auch bei den regelmäßigen Reinigungsarbeiten behilflich zu sein.

genügt vollauf. Auf jeden Fall dürfen keine Putzmittel bei der Reinigung verwendet werden – das gilt sowohl für die Innen- als auch für die Außenpflege des Aquariums.

Nachdem das Aquarium von allen Verunreinigungen befreit worden ist, wird das Wasser wieder aufgefüllt. Bitte vergessen Sie nicht, ein sehr gutes Wasseraufbereitungsmittel einzusetzen, um die vorhandenen Chlore im Wasser zu binden.

Die Filterreinigung erfolgt je nach Filtertyp unterschiedlich. Bei den Innenfiltern reicht es normalerweise aus, die Schaumstoffpatronen unter fließendem Wasser regelmäßig auszuspülen. Je nach Verschmutzungsgrad sollten die Patronen mindestens halbjährlich ausgewechselt werden.

Bei der Reinigung von Außenfiltern wird das gesamte Filtersystem samt Schläuchen vom Aquarium getrennt. Der Filterkopf wird abgeklemmt, die Filterwatte erneuert und das Filtersubstrat unter fließendem Wasser gereinigt. Je nach Filteraufbau gibt es noch eine Grobwatte, die unter dem Filtersubstrat liegt. Auch sie wird unter fließendem Wasser gesäubert. Anschließend kann der Filter wieder zusammengesetzt werden.

71

Die Schläuche mit einer langen Flaschenbürste reinigen, denn auch in ihnen bilden sich schädliche Ablagerungen. Wenn sie hart und porös sind, sollten sie ausgewechselt werden.

Umzug und neues Becken

Es gibt so manchen Grund, die Fische in ihrer Ruhe komplett zu stören, etwa wenn ein Wohnortwechsel, also ein Umzug ansteht. Oder das Becken wird grundlegend erneuert, was auf jeden Aquarianer so etwa alle drei Jahre zukommt.
Ganz unabhängig davon, aus welchem Anlass die Fische einen neuen Lebensraum bekommen, ein Teil des Bodengrunds sollte stets erhalten bleiben – das steigert durch seinen Wiedererkennungswert das Wohlgefühl unserer Fische. Denn je mehr biologisch eingegliederte Bestandteile des Aquariums wieder verwendet werden, desto besser und schneller kann das System nach der Unterbrechung funktionieren. Nicht ausgetauscht werden sollte auch der Filter. Zum Zeitpunkt eines Umzugs oder einer Neueinrichtung sollte er irgendwo separat in sich selbst laufen, beispielsweise in einem Eimer oder in einem Waschbecken. Wichtig ist, dass der Filter immer feucht bleibt. Im Anschluss den Filter reinigen und feucht und vor allem – wegen Schimmelgefahr – nicht luftdicht transportieren.

72

Auch Fische sind Gewohnheitstiere. Wenn Sie also einmal umziehen müssen, so übernehmen Sie zumindest einen Teil des alten Bodengrunds.

Hinweis: Die Fische sollten vor ihrer Auslagerung nicht gefüttert werden. Gut aufgehoben sind sie in einer großen Wanne oder beim Zoohändler. Wichtig: Fische verkraften diese Störung am besten in ihrem alten Wasser.

73

Überprüfen Sie bei jedem Wasserwechsel, ob die Heizung auch richtig eingestellt ist.

Geben Sie die Tiere also nicht in neues Wasser, sondern bieten Sie ihnen ihr gewohntes Nass. Und auch bei der Neueinrichtung sollten Sie auf das alte Aquariumwasser nicht verzichten. Geben Sie nur das neue Wasser hinzu und überprüfen Sie danach kritisch die Wasserwerte. Gleichzeitig sollten Sie während der Neuaufstellung checken, ob das Becken mit vollem Wasserstand wirklich dicht ist.
Abgesehen von den angesprochenen Punkten sollte die Neueinrichtung eines Beckens zu gegebener Zeit oder nach einem Umzug im Wesentlichen wie eine Ersteinrichtung vorgenommen werden. Einen Teil der von Ihnen gezüchteten biologischen Kultur sollten Sie jedoch immer mit hinüberretten und die erste Zeit die Wasserwerte genauer kontrollieren.

Das Aquarium in der Urlaubszeit

74

Vor dem Urlaub keine neuen Geräte installieren und keine neuen Fische einsetzen. Sie wissen nicht, wie sich Gerätschaften und Tiere im Aquarium entwickeln.

Haustiere bereiten den Besitzern häufig Probleme, wenn es um die Urlaubsplanung geht. Bei einem Aquarium ist das verhältnismäßig einfach, denn man muss es niemandem in Pflege geben und man kann es während der Urlaubszeit mit entsprechenden Vorbereitungen auch einmal sich selbst überlassen.

Auf jeden Fall sollte vor jedem Urlaubsantritt das Wasser gewechselt und der Filter gereinigt werden, sofern dies nicht erst kürzlich geschehen ist. Wenn sich Mulm gebildet hat, sollte dieser noch vor der Reise entfernt werden.

Wenn sich im Becken keine Jungfische befinden, kann die Fütterung für ungefähr sieben bis zehn Tage ausgesetzt werden. Denn auch die Natur kennt Fastenzeiten. Planen Sie jedoch eine längere Reise, und haben Sei niemanden, der sich um das Aquarium kümmern kann, dann sollten Sie einen Futterautomaten installieren. Einen solchen bekommen Sie im Zoofachhandel. Für eine optimale Vorbereitung Ihres Aquariums vor Ihrem Urlaub haben wir Ihnen auf der nächsten Seite einen Urlaubszeitplan erstellt.

Inmitten der Urlaubsvorbereitungen hat man den Kopf nicht gerade frei. Gut, wenn Sie sich schon vorher um die Pflege Ihres Aquariums gekümmert haben.

Urlaubszeitplan

14 Tage vorher: Futterautomaten einrichten
Ab etwa zwei Wochen vor Urlaubsbeginn sollten Sie Ihre Fische ausschließlich über den Futterautomaten füttern. So werden Sie schnell die für Ihre Fische ideale Portionengröße herausfinden, und die Tiere gewöhnen sich rechtzeitig an den Automaten.

Fünf Tage vorher: Wasser wechseln
Ein Drittel des Wassers sollte vor Urlaubsantritt gewechselt werden. Fünf Tage Spielraum sind nötig, um überprüfen zu können, ob sich Ihr Biotop nach dem Wechsel auch angemessen regeneriert.

Drei Tage vorher: Innenfilter reinigen
Der Innenfilter sollte vor Ihrem Urlaub sauber sein. Überprüfen Sie ihn also und reinigen Sie ihn, bzw. wechseln Sie ihn aus. Der Außenfilter dagegen kann bis zu vier Monate ohne Reinigung oder Auswechslung das Wasser pflegen. Checken Sie ihn trotzdem zur Sicherheit.

Einen Tag vorher: Technik-Check
Direkt vor der Abreise sollten Sie alle technischen Geräte Ihres Aquariums noch einmal auf ihre korrekte Funktionsfähigkeit überprüfen. Außerdem nicht vergessen: die Schaltuhr einschalten!

Eine andere Möglichkeit wäre, Sie finden eine Urlaubsvertretung und erklären dieser die Regeln der Fütterung. Eine Hilfe, für die jeder unerfahrene Aquarienpfleger dankbar ist, sind bereits vorbereitete Futterportionen. Denn in der Regel wird zu viel gefüttert, und die überschüssigen Futterflocken verschmutzen vorschnell den Boden und das Wasser im Aquarium. Der große Vorteil eines Aquariumsitters ist, dass er auch auf unvorhergesehene Ereignisse reagieren kann, beispielsweise auf einen Stromausfall, auf plötzlich auftretende Krankheiten oder anormale Verhaltensweisen der Fische. Ein typisches Beispiel wäre plötzliche Futterverweigerung, die nicht einfach ignoriert werden darf. Für alle Fälle sollten Sie dem Aquariumsitter eine Telefonnummer von einem Fachmann aufschreiben oder einfach Ihre Handynummer geben.

75

Die beste Lösung für die Versorgung Ihres Aquariums ist ein »Aquariensitter«, der sich auch um unvorhergesehene Probleme kümmern kann.

Für jeden das passende Aquarium

Nicht nur bei Erwachsenen, sondern auch bei Kindern erfreut sich ein Aquarium immer größerer Beliebtheit. Wie bei allen Kinderwünschen sollte man sich vor allem bei Haustieren genau überlegen, ob und wie man diese Wünsche erfüllt. Das gilt in einem besonderen Maße für ein Aquarium, denn es stellt Ansprüche an die Bereitschaft der Kinder zur regelmäßigen Pflege und Wartung. So selbstständig wie etwa eine Katze sind Fische leider nicht.

Deshalb sollten Sie – gemeinsam mit Ihrem Kind – überlegen, ob es sich das richtig ausgemalt hat: Denn bei einem Aquarium gibt es nichts zum Schmusen, und die Fische werden somit sicher nicht die besten Freunde Ihres Kindes werden. Dafür wird es eine ganze Menge lernen, und die Pflege des Aquariums wird einen völlig neuen Bezug zur Unterwasserwelt und den darin lebenden Tieren und Pflanzen mit sich bringen. Vor allem wird es sehr spannend für Ihr Kind sein, die in unserem Kinderaquarium empfohlenen Fische bei der Vermehrung zu beobachten. Da können Sie sich auf eine Reihe interessanter Fragen gefasst machen!

76

Die Prämisse für ein kindgerechtes Aquarium sollte sein, dass es problemlos zu pflegen ist.

Das kindgerechte Aquarium

Ein für Kinder geeignetes Aquarium sollte vor allem einfach zu pflegen sein. Das bedeutet im Einzelnen:

- Fangen Sie mit einer kleinen Beckengröße an: Ca. 60 Zentimeter Länge mit einem kleinen Innenfilter sollte für den Anfang genug sein. Falls sich Ihr Kind zu einem leidenschaftlichen Aquarianer entwickeln sollte, können Sie ja noch nachlegen.
- Reduzieren Sie die Technik im Aquarium auf ein Minimum. Schließlich möchten Sie, dass Ihr Kind schon so früh wie möglich

selbst die Wartung und Reinigung übernehmen kann. Im Zoofachhandel sind meist günstige Komplettlösungen erhältlich, die über eine ausreichende Technik (Heizung, Filter, Beleuchtung) verfügen. Auch hier gilt in der Regel: Man kann diese Aquarien bei Bedarf jederzeit technisch aufrüsten.

Regelmäßiges Füttern und Aquarienpflege fördert das Verantwortungsbewusstsein der Kinder.

- Als kleinere Dekorationsgegenstände eignen sich beispielsweise Moorkienhölzer und Steine. Welche Art von Vorbehandlung diese Dekoelemente vor dem Einsatz im Aquarium benötigen, können Sie im zweiten Kapitel unter dem Abschnitt Dekoration nachlesen.
- Achten Sie darauf, dass die Dekoration so arrangiert wird, dass sich die Fische sicher darin bewegen können: keine gewagten Konstruktionen! Und genügend Platz sollte für die Fische natürlich auch sein.
- Für die Bepflanzung verwenden Sie am besten harte und widerstandsfähige Wasserpflanzen. Die Amazonasschwertpflanze (Seite 36) gedeiht selbst unter widrigen Bedingungen und entwickelt sich bei ausreichender Düngung zu einer prächtigen Aquariumpflanze.
- Nehmen Sie für den Anfang nur unkomplizierte und anpassungsfähige Fische: Lebend gebärende Zahnkarpfen (Seite 42 ff.), Guppy (Seite 43), Schwertträger (Seite 44) oder Platy (Seite 43) sind Gattungen, die leicht zu pflegen sind und eine robuste Konstitution haben. Ein paar kleine Panzerwelse (Seite 57), die den Bodengrund von Futterresten befreien und säubern, runden als interessante Bodenfische den Fischbestand ab. 10 bis 15 Fische sind für den Anfang ausreichend, überfordern Sie die Augen der Kinder nicht. Außerdem: Besonders die Guppys werden sich schnell vermehren.

77

Überfordern Sie Ihre Kinder nicht. Halten Sie Technik, Fisch- und Pflanzenbesatz auf einem überschaubaren Niveau.

78

Achten Sie bei der Pflanzen- und Fischwahl auf robuste Arten, die Kindern eine leichte Pflege erlauben.

Das Artenbecken

Erwachsene können sich ganz nach Laune und Geschmack ein Aquarium nach den unterschiedlichsten Gesichtspunkten zusammenstellen. Hier darf vorausgesetzt werden, dass man sich vorab über die richtige Pflege und Wartung des individuell zusammengestellten Aquariums informiert. Eine spezielle Variante ist das so genannte Artenbecken. Im strengen Sinne ist unter einem Artenbecken zu verstehen, dass darin nur eine bestimmte Fischart oder mehrere Arten einer Fischgattung gehalten werden. Der Grund dafür könnte z. B. sein, dass man das Verhalten einer bestimmten Art ganz genau studieren will, etwa um die Erfolgsaussichten bei Zuchtbemühungen zu erhöhen. Ein anderer Anlass für die Einrichtung eines Artenbeckens wäre schlichtweg der, dass die Fische, für die man sich entschieden hat, sich nicht für ein Gesellschaftsbecken eignen.

Wir wollen Ihnen allerdings eher Artenbecken vorstellen, die in erster Linie nach geographischen Gesichtspunkten aufgebaut sind, in denen also die den natürlichen Verhältnissen entsprechenden Fisch- und Pflanzengruppen Verwendung finden. Sie versuchen also – so weit wie möglich – ein bestimmtes Biotop aus der Natur im Aquarium nachzustellen. Dabei sollten Sie auf die lokalen Gegebenheiten der jeweiligen Biotope achten: So wird beispielsweise ein Flusslauf in Südamerika durch ein Wurzeldickicht mit einer Randbepflanzung von Amazonasschwertpflanzen und einem feinen Sandboden charakterisiert. Heute ist es dank des »globalen« Zoofachhandels möglich, nahezu alle Fisch- und Pflanzenarten zu beziehen, um ein biotopnahes Artenbecken einzurichten. Man muss sich natürlich darüber im Klaren sein, dass besonders ausgefallene Wünsche schnell ins Geld gehen können.

Wir haben als Anregung für Sie zwei Beispiele für Artenbecken zusammengestellt, die Ihren Geldbeutel sicher nicht sprengen werden: ein südamerikanisches und ein asiatisches Artenbecken. Ihr Zoohändler kann Ihnen sicher noch eine Reihe weiterer Tipps geben. Alle im Folgenden gemachten Angaben beziehen sich auf ein 80 Zentimeter großes Aquarium.

79

Artenbecken erfordern schon ein gewisse Portion Erfahrung in der Aquaristik und sind daher für Anfänger nur bedingt geeignet.

Artenbecken Südamerika

Prägende Elemente sind hier die bizarren Moorkienwurzeln und Amazonasschwertpflanzen. Wer noch mehr Authentizität erzielen will, kann eine Ecke des Bodengrunds mit abgebrühten Blättern aus dem Wald bedecken.

Die Einrichtung:
- Deko mit Moorkienwurzeln
- Randbepflanzung mit Amazonasschwertpflanzen
- Feiner Bodengrund (Sand)
- Viel Schwimmraum

Fischbesatz:
- Zehn Blutsalmler (Hyphessobrycon callistus)
- 15 Rote Neon (Paracheirodon axelrodi)
- Sechs Pinguinsalmler (Thaeria obliqua)
- Fünf Silberstreifen-Panzerwelse (Corydoras agassizii)
- Drei Gestreifte Ohrgitter-Harnisch-Welse (Octocinclus affinis)

80

Lassen Sie sich bei der Einrichtung eines Artenbeckens von den großen Aquarienbecken in einem Zoo inspirieren.

Artenbecken sind kleine Biotope, die sich an den realen Verhältnissen der Ursprungsländer der Fische und Pflanzen orientieren, in diesem Fall an einem südamerikanischen Gewässer.

Lädt ein zu Entspannung und Meditation: ein asiatisch angehauchtes Aquarium.

Artenbecken Asien

Beliebt ist auch das asiatische Artenbecken, bei dem z. B. eine Deko aus Bambus asiatisches Flair verbreitet. Achten Sie auf einen sparsamen Einsatz der Dekoelemente, um ein ruhiges Erscheinungsbild zu erzeugen. Die sehr schnell wachsende Riesenvallisnerie, die gut zu diesem Aquariumtyp passt, sollte regelmäßig zurückgeschnitten werden, damit sie das Aquarium nicht zuwuchert.

81

Schon ein paar schöne Bambusstäbe schaffen im Aquarium ein asiatisches Ambiente.

Die Einrichtung:

- Deko mit Bambusstäben und Kokosnussschalen
- Boden: kleiner Flusskiesel mit Sandgemisch
- Bepflanzung mit Riesenvallisnerie und Cryptocorynepflanzen

Fischbesatz:

- Fünf Siamesische Rüsselbarben (Crossocheilus siamensis)
- Ein Feuerschwanz-Fransenlipper (Epalzeorhynchos bicolor)
- Zehn Keilfleckbarben (Rasbora heteromorpha)
- Ein Paar Mosaikfadenfische (Trichogaster leeri)

Holländisches Pflanzenaquarium

Es mag vielleicht etwas ungewöhnlich klingen: Fische müssen nicht immer die Hauptrolle in einem Aquarium spielen. Im so genannten Holländischen Pflanzenaquarium steht eindeutig das geschickte und harmonische Arrangement aus unterschiedlichsten Wasserpflanzen im Vordergrund. Bei diesen Schaubecken geht es dem Aquarianer in erster Linie um die optisch eindrucksvolle Gestaltung eines Beckens mit so viel verschiedenen Pflanzen wie möglich. Natürlich ist auch hier Masse nicht gleich Klasse, sondern die richtige Mischung der Pflanzen macht's.

Früher war dieser Aquarientyp eher etwas für Spezialisten, da jede Pflanze unterschiedliche Ansprüche hat und individuelle Pflege benötigt. Das ist auch heute noch so. Die ausgezeichnete Wasserqualität, die ein solches Aquarium in besonderem Maße erfordert, ist heute aber dank moderner Aquarientechnik mehr oder weniger einfach in den Griff zu bekommen.

So ist es möglich, auch ohne allzu großen Pflegeaufwand einen schönen holländischen Unterwassergarten einzurichten. Beim Einrichten

82

Für ein Holländisches Aquarium gibt es keine festen Regeln. Der harmonische Gesamteindruck der Pflanzen ist entscheidend.

83

Den relativ hohen Pflegeaufwand sollten Sie bei der Planung eines Holländischen Aquariums schon vorher genau in Betracht ziehen.

Fische spielen in einem Holländischen Aquarium eine untergeordnete Rolle. Genug Bewegungsfreiraum sollten sie trotzdem haben.

des Beckens wird nicht auf die Zusammengehörigkeit der verschiedenen Pflanzenarten Rücksicht genommen: Allein die optische bzw. dekorative Wirkung entscheidet hier! Natürlich sollten die Pflegeansprüche nicht zu unterschiedlich sein, denn sonst kann die Pflege eines solchen Aquariums schnell in Stress ausarten.

84

Pflanzen mit ähnlichen Pflegeansprüchen erleichtern die Arbeit des Unterwassergärtners.

Einrichtung, Technik und Wasserchemie

- Das Pflanzenaquarium benötigt etwas mehr Erfahrung im Umgang mit der Wasserchemie und der Technik. Das Aquarium sollte eine Mindestgröße von 120 Zentimeter Seitenlänge haben, da es sonst schnell zuwuchert. Wenn Sie ein solches Aquarium planen, sollten Sie auch genügend Platz in der Wohnung haben.
- Die Wasserchemie ist auch in einem von Pflanzen dominierten Aquarium der wichtigste Faktor: Alle Wasserwerte müssen stimmen (siehe auch Seite 8 ff.) und auf konstantem Niveau gehalten werden, denn die Pflanzen reagieren empfindlich auf Veränderungen! Verfärbungen und Kümmerwuchs sind die Folgen falscher Wasserwerte. Die ständige Kontrolle der Wasserwerte ist ein Muss!
- Der Filter sollte auf jeden Fall die Möglichkeit haben, mit biologischem Filtersubstrat zu arbeiten, um einen biologischen Abbau der Schadstoffe zu garantieren.
- Da in dem Pflanzenaquarium die Anzahl der Pflanzen weit höher ist als in einem normalen Aquarium, besteht auch ein erhöhter Bedarf an Kohlendioxid: Deswegen wird für Pflanzenaquarien auf jeden Fall eine Kohlendioxid-Anlage benötigt.

85

Die Beckengröße für ein Holländisches Aquarium sollte mindestens 120 Zentimeter betragen.

Fischbestand

Natürlich sollten auch in solchen Becken Fische nicht völlig fehlen. Bei diesen Becken stehen allerdings die Pflanzen im Vordergrund, die Fische spielen nur eine untergeordnete Rolle. Es sollten nur zwei bis drei Arten in ein Pflanzenaquarium eingesetzt werden, um das biologische Gleichgewicht durch eine zu große Menge an Futterresten oder Kot nicht zu stören.

Zudem sollte man berücksichtigen, dass in solchen Aquarien durch den vergleichsweise dichten Pflanzenbewuchs für die Fische nur relativ wenig Platz zum Schwimmen bleibt. Sie sollten es deshalb auch vermeiden, zu große und ruppige Arten in diesem Becken zu halten. Achten Sie bei Ihrer Fischauswahl zudem darauf, dass keine Pflanzenfresser mit ins Aquarium kommen, denn sonst wäre es schnell vorbei mit der grünen Pracht! Die einfachste und sicherste Entscheidungshilfe: Fragen Sie Ihren Zoofachhändler, er wird Sie gerne beraten und mit Ihnen die richtigen Fische für Ihr Holländisches Pflanzenaquarium zusammenstellen.

86

Pflanzen fressende Fische sind in einem Holländischen Aquarium eher fehl am Platz.

Pflege der Pflanzen

Die Pflanzen im Schaubecken haben einen noch größeren Bedarf an Pflege als die üblichen Aquariumpflanzen. Das fängt schon bei der Düngung an: Die Nährstoff- und Eisendüngung ist neben der Kohlendioxid-Düngung ein wichtiger Faktor für das Gelingen eines holländischen Pflanzenaquariums.
Auch der Gärtner ist hier in entscheidendem Maß gefragt, denn die Pflanzen brauchen regelmäßige Pflege, beispielsweise in Form von Zurückschneiden der Blätter und Stiele. Dieses regelmäßige Ausdünnen ist erforderlich, um ein zu rasches Ausbreiten einzelner, besonders schnell wachsender Arten zu verhindern. Sonst würden bestimmte Arten eine zu große Dominanz im Aquarium bekommen und andere, langsamer wachsende Arten verdrängen. Ein zugewuchertes Aquarium sieht nicht schön aus und verringert den bereits eher knapp bemessenen Bewegungsfreiraum der Fische bei diesem Aquariumtyp noch mehr.
Eine weitere Pflicht des Unterwassergärtners: Er muss auch regelmäßig die abgestorbenen Blätter und Stiele aus dem Aquarium beseitigen, um ein Faulen der Pflanzenreste zu vermeiden. Solche Pflanzenreste fallen beim Holländischen Aquarium in wesentlich größerer Menge an als bei einem normalen Aquarium, und sie würden auf Dauer den Biohaushalt im Aquarium stören, bzw. den Boden und das Wasser verschmutzen.

87

Besonders schnell wachsende Wasserpflanzen müssen regelmäßig zurückgeschnitten werden.

Häufig gestellte Fragen

Dieses Buch richtet sich in erster Linie an Einsteiger, die sich ihr erstes Aquarium zulegen wollen. Daher erklären wir Ihnen den Umgang mit herkömmlichen Süßwasseraquarien und ihren zumeist tropischen Fischen.

88

Salzwasseraquarien sind etwas für Profis und benötigen Spezialkenntnisse hinsichtlich Ausstattung und Pflege. Anfänger sollten lieber die Finger davon lassen.

Wo sind Seepferdchen und Goldfisch?

Vielleicht vermissen Sie jetzt nach der Lektüre noch einige besonders beliebte Fische. Und das hat einen guten Grund: Nicht alle Fische sind für ein Süßwasseraquarium oder für Anfänger geeignet.
Seepferdchen sind z. B. reine Salzwasserfische, die wir nicht in unserem Süßwasseraquarium halten können. Um aber ein Salzwasserbecken einzurichten und zu halten, bedarf es Erfahrungen im Umgang mit Salzwasser, die Sie nur über einen längeren Zeitraum

Seepferdchen sind schön, aber fürs heimische Aquarium nicht geeignet, denn sie benötigen Salzwasser.

sammeln können. Das Biotop Salzwasseraquarium ist erheblich aufwändiger in der Technik und der Kontrolle und Aufrechterhaltung der richtigen Wasserchemie und daher eher etwas für Profis.
Der Goldfisch, einer der bekanntesten Fische überhaupt, von dem es zahllose Zuchtformen gibt, ist ein Kaltwasserfisch, der sich nicht mit den Temperaturen unseres Zierfischaquariums verträgt. Und bedenken Sie: Ein Aquarium ist leichter zu heizen als unter Zimmertemperatur zu kühlen. Der Goldfisch ist eher etwas für den Gartenteich, wo er sich auch aufgrund seiner Größe (bis zu 30 Zentimeter) wohl fühlt.

89

Kaltwasserfische wie der Goldfisch haben in einem Warmwasseraquarium nichts verloren.

Buntbarsche werden bis zu 15 Zentimeter groß und sind somit nur für größere Becken geeignet.

Auch nicht für jedes Aquarium geeignet sind die Barsche. Barsche bilden eine der größten Fischfamilien, die weltweit vertreten ist. Es gibt sie in allen nur erdenklichen Varianten. Allerdings sind auch sie leider nur etwas für Spezialisten, denn fast alle Barscharten werden sehr groß, da ist ein Aquarium von mindestens 120 Zentimeter Seitenlänge Voraussetzung. Ein weiterer Grund, warum man sich den Fischbesatz mit Barschen im Aquarium gut überlegen sollte: Barsche sind keine allzu pflegeleichten Fische. Sie fordern von ihrem Pfleger ein gewisses Maß an Erfahrung.

90

Buntbarsche sollten wegen ihres manchmal etwas aggressiven Verhaltens nur mit robusten Fischarten vergesellschaftet werden.

Private Fischzucht – lohnt sich das?

Jeder Aquarianer hat irgendwann das Bedürfnis, seine Pfleglinge zu vermehren und vielleicht sogar im großen Stil zu züchten. Aber Sie können sich sicher sein: Eine erfolgreiche Unternehmensidee haben Sie damit nicht, denn mit den Zuchtbedingungen in den Ursprungsländern der Fische können Sie kaum konkurrieren.

Reichhaltiges Angebot: Zierfischhandel gehört zum Straßenbild in asiatischen Städten.

91

Zierfischzucht aus kommerziellen Beweggründen lohnt sich für Hobbyzüchter kaum.

Circa 90 Prozent aller Zierfische werden in Asien, insbesondere in Hongkong, Thailand oder Singapur gezüchtet. Was dort passiert, kann man tatsächlich als Zucht »im großen Stil« bezeichnen. Die Fische finden hier in ihrer natürlichen Umgebung ideale Lebensbedingungen, die ein hiesiger Züchter etwa erst mit großem, nicht nur finanziellem Aufwand schaffen muss. In Thailand haben viele Zuchtteiche z. B. direkten Anschluss an Flüsse, die sie mit Frischwasser versorgen. Es fallen Wasserkosten weg, die in Europa jedem Züchter direkt ans Geld gehen. Und das tropische Klima, das in Europa erst mit hohem Energieaufwand erzeugt werden müsste, das gibt es in Südostasien natürlich völlig umsonst.

In Deutschlands großen Zierfischzüchtereien werden mit viel Aufwand ca. zwei Millionen Fische pro Jahr gezüchtet. Da ist es für einen Hobbyzüchter schwer, eigentlich sogar unmöglich, sich auf diesem Markt zu platzieren. Eine Nachzüchtung würde sich bei so genannten »Wildfängen« lohnen, zum einen, um die Arterhaltung zu garantieren, zum anderen, um Einzeltiere in den Verkauf zu bringen. Je mehr Tiere hier nachgezüchtet werden, desto weniger Tiere müssen als Wildfänge auf den Markt kommen. Und durch eine ständige Nachzucht ist eine Arterhaltung seltener Fischarten garantiert.
Aus kommerzieller Hinsicht würde sich eine Zierfischzucht heutzutage nicht mehr lohnen, aber als Hobby und unter dem Aspekt, seltene Arten durch Nachzucht zu erhalten, ist es immer wieder eine schöne Herausforderung. Dazu muss man allerdings genaue Kenntnisse über die einzelnen Fischgattungen besitzen. So sollte man z. B. die Geschlechter unterscheiden können, was gar nicht so einfach ist. Auch benötigt man ein Aufzuchtbecken und muss beispielsweise wissen, wie man die abgelegten Eier davor schützt, gleich wieder gefressen zu werden … Wenn Sie also wirklich selbst Fische züchten wollen, sollten Sie unbedingt bei einem Profi Informationen einholen.

92

Mit Nachzucht lassen sich die so genannten Wildfänge auf dem Markt verringern und der Erhalt seltener Arten sichern.

93

Aus kommerzieller Sicht lohnt sich das Züchten von Zierfischen zumindest für Hobbyzüchter in der Regel nicht.

Damit aus den abgelegten Eiern auch wirklich Nachwuchs entsteht, muss der Hobbyzüchter genaue Kenntnisse über das Verhalten seiner Fische besitzen.

Sind Sie fit für Ihr neues Hobby?

94

Wasser ist nicht gleich Wasser. Und von der Wasserqualität hängt das Wohlbefinden Ihrer Pflanzen und Fische im Aquarium ganz entscheidend ab.

❶ Was verstehen Sie unter Wasserhärte?

a) Darunter versteht man den Gehalt an so genannten Härtebildnern. Die Karbonathärte macht normalerweise 80 Prozent der Gesamthärte aus und sie wird in Grad Karbonathärte (°dKH) angegeben.

b) Wasserhärte wird durch den Gehalt an Mineralsalzen bestimmt. Je weicher das Wasser ist, desto höher ist der Salzgehalt.

c) Wasserhärte hat etwas mit dem Druck zu tun. Je mehr Wasser ein Becken fasst, desto höher ist der Druck und somit die Wasserhärte.

❷ Welche Wasserhärte ist für Fische am besten?

a) Weiches bis mittelhartes Wasser ist die ideale Lebensbedingung für die meisten Fische.

b) Fische bevorzugen hartes Wasser.

c) Fische können sich nach einer gewissen Eingewöhnungszeit auf jede Wasserhärte einstellen.

❸ Was bedeutet die Bezeichnung pH-Wert?

a) Der pH-Wert ist eine Mengenangabe, die die Konzentration einer Substanz pro hundert Liter angibt. So ist z. B. der Salzgehalt im Toten Meer 90 pH.

b) Der pH-Wert gibt den Säuregrad des Wassers an: Einen pH-Wert von über 7 bezeichnet man als alkalisch. Wasser mit einem pH-Wert von 7 ist neutral, ein pH-Wert unter 7 gilt als sauer.

c) Der pH-Wert ist ein Wert, der ausschließlich für die menschliche Haut von Interesse ist. Er gibt deren idealen Säuregrad an.

❹ Welcher Wert außer Karbonathärte und pH-Wert entscheidet maßgeblich über die Wasserqualität?

a) der Sauerstoffgehalt

b) der Säuregrad

c) der Kohlendioxidgehalt

❺ Was ist Gift für Ihre Fische?

a) Nitrit

b) Nitrat

c) Sauerstoff

❻ Wo ist der ideale Platz in der Wohnung für ein Aquarium?

a) Direkt am Fenster – die Pflanzen und Fische sollten nach Möglichkeit viel direktes Sonnenlicht bekommen.

b) Der ideale Platz ist an der einem Fenster gegenüber liegenden Wand. Die Gefahr der Algenbildung ist sonst sehr hoch.

c) Ein Aquarium sollte auf keinen Fall im Wohnzimmer stehen, denn die Bewohner verursachen dort zu viel Unruhe für die Fische.

❼ Was kommt zuerst in Ihr neues Aquarium hinein?

a) die Dekoration (Steine, Holzwurzeln)

b) die Fische

c) die technischen Geräte

d) die Pflanzen

95

Für den richtigen Standplatz des Aquariums sind nicht nur die Lichtverhältnisse wichtig. Es sollte auch genügend Platz für ein bequemes Verrichten der Pflegemaßnahmen zur Verfügung stehen.

Die Aquariumdekoration und die Pflanzen sollten nach Möglichkeit schon ihren festen Platz haben, bevor Sie die Fische einsetzen. Jede unnötige Unruhe sollte vermieden werden.

❽ Wie hoch sollte die Temperatur im Aquarium sein?

a) Da die meisten Fische Warmblüter sind, bevorzugen sie eine angenehm kühle Wassertemperatur um 15 °C.

b) Da die meisten Fische Kaltblüter sind, sollte die Wassertemperatur möglichst ihrer Körpertemperatur angepasst werden und etwa 18 °C betragen.

c) Für die richtige Wassertemperatur im Aquarium gilt: Sie sollte der Temperatur der tropischen Heimatgewässer der Fische entsprechen. Das heißt, die Wassertemperatur sollte 24 bis 26 °C betragen.

96

Mit bloßem Auge lässt sich eine Verschlechterung der Wasserqualität in der Regel nicht erkennen. Wassertestsets gibt es in jeder Zoohandlung.

❾ Die Pflanzen in ihrem Aquarium bekommen gelbe Blätter. Was könnte die Ursache sein?

a) Das ist kein Grund zur Sorge. Der Gelbton ist nur vorübergehend und durch einen Wechsel des Wassers einfach zu beheben.

b) Das Nitrat-Kohlendioxid-Verhältnis stimmt nicht mehr.

c) Es mangelt den Wasserpflanzen an Eisen.

❿ Sie entdecken Grünalgen in Ihrem Aquarium. Wie reagieren Sie?

a) Offenbar habe ich alles richtig gemacht, wenn sich auch Grünalgen in meinem selbst gebauten Biotop wohl fühlen.

b) Grünalgen sind häufig ein Zeichen für ein Überangebot an Nährstoffen wie Nitrat und Phosphat. Ich wechsle das Wasser und reinige den Bodengrund.

c) Grünalgen sind an sich nicht schlimm: Wenn es zu viele werden, nehme ich die Fische heraus und dünge die Pflanzen kräftig; dann reduziert sich die Menge der Algen automatisch.

⓫ Was sollten Sie beachten, wenn Sie die Fische für Ihr Aquarium auswählen?

a) Schwarmfische sind besonders für kleine Aquarien geeignet, da sie es gewohnt sind, auf engem Raum miteinander auszukommen.

b) Als Faustregel für einen friedlichen Fischbesatz kann gelten, dass pro ein Zentimeter Fisch mindestens ein Liter Wasser vorhanden sein sollte.

c) Einzig das harmonische Zusammenspiel der Farben entscheidet, ob Fische gut zusammenpassen.

⓬ Was ist ein Guppy?

a) Das ist ein ausdauernder Fisch, der nahezu in jedem Aquarium gehalten werden kann. Es gibt wohl keinen Fisch, von dem so viele Farbvarianten herausgezüchtet worden sind.

b) Das ist ein Einzelgänger, der sich nicht mit allen Fischen verträgt.

c) Guppy ist eine spezielle Art der Fischzüchtung im Heimaquarium. Anfänger sollten allerdings die Finger davon lassen.

⓭ Zierfische fressen alles, auch Abfälle und Grünzeug. Richtig oder falsch?

a) Zum Teil stimmt das: Salatblätter, die kurz überbrüht wurden, können durchaus gefüttert werden. Allerdings sollte beachtet werden: Das Aquarium ist kein Mülleimer: Geben Sie keine Küchenabfälle, auch keine Brotkrumen oder Haferflocken in das Aquarium.

b) Zierfische benötigen teures Spezialfutter, das ausschließlich im Zoofachhandel erhältlich ist.

c) Zierfische fressen in der Regel nur Lebendfutter.

97

Nicht alle Fische vertragen sich gut. Informieren Sie sich genau über ihr arttypisches Verhalten.

98

Fische benötigen abwechslungsreiche Kost. Das Aquarium ist kein Abfalleimer für Küchenreste!

Guppys gehören zu den beliebtesten Aquarienfischen. Es gibt sie in zahlreichen Zuchtvarianten.

Lösungen und Auswertung

99

Dieses Quiz ist nur eine Auswahl möglicher und relativ einfacher Fragen. Wenn Sie hierbei aber schon Schwierigkeiten haben, dann sollten Sie das Buch noch einmal genau lesen.

Frage	Richtige Antwort	Punkt
1	a)	
2	a)	
3	b)	
4	c)	
5	a)	
6	b)	
7	a)	
8	c)	
9	c)	
10	b)	
11	b)	
12	a)	
13	a)	

Punktzahl: ____

Zehn und mehr Punkte:

Geben Sie es zu: Sie liebäugeln schon lange mit einem Aquarium und haben sich bereits ausführlich informiert. Jetzt fehlt eigentlich nur noch eine Kleinigkeit: das Aquarium selbst.

Sechs bis neun Punkte:

Bis auf ein paar Details wissen Sie schon ganz gut Bescheid. Nach der Lektüre dieses Buches sind Sie fit in den Grundlagen der Aquaristik und können sich gut vorbereitet in Ihr neues Hobby stürzen.

Fünf und weniger Punkte:

Ihr Interesse an einem Aquarium ist groß, aber mit dem Know-how hapert es noch ein bisschen. Auch wenn Sie unbedingt sofort ein Aquarium wollen, sollten Sie sich noch etwas gedulden und sich zuerst hinreichend informieren. Wenn Sie dieses Buch gelesen haben, wissen Sie, wie sie es richtig machen.

100

Nur wer richtig informiert ist, sollte seinen Aquarienwunsch sofort umsetzen. Andernfalls sind Enttäuschungen vorprogrammiert.

Ein solch schönes Aquarium ist das Resultat langer Pflege und Zuwendung.

Impressum

2. Auflage 2001

Redaktion:
Cornelia Osterbrauck
Projektleitung:
Dr. Harald Kämmerer
Redaktionsleitung:
Dr. Reinhard Pietsch
Bildredaktion:
Tanja Nerger
Produktion:
Manfred Metzger (Leitung), Annette Aatz
Umschlag:
Till Eiden
DTP/Satz:
Maren Scherer, München
Druck:
Weber Offset
Bindung:
Oldenbourg
Printed in Germany

Gedruckt auf chlor- und säurearmem Papier

ISBN 3-7787-3906-9

Hinweis

Das vorliegende Buch ist sorgfältig erarbeitet worden. Dennoch erfolgen alle Angaben ohne Gewähr. Weder Autor noch Verlag können für eventuelle Nachteile oder Schäden, die aus den im Buch gemachten praktischen Hinweisen resultieren, eine Haftung übernehmen.

Literatur

Beck, Peter: Aquarien-ABC. Profi-Tips für Einsteiger. Franckh-Kosmos Verlag 1992.
Der Große Aquarienführer. Fische, Pflanzen und Zubehör für Ihr Aquarium. Könemann Verlag 1999.
Mayland, Hans: Mein kleines Aquarium. Landbuch Verlag 1990.
Mills, Dick: Mein Aquarium. Ein praktischer Ratgeber. Unipart Verlag 1996.
Paysan, Klaus: Aquaristik für Einsteiger. Naturbuchverlag 1999.
Stadelmann, Peter: Das Aquarium. Gräfe und Unzer Verlag 1998
Stallknacht, Helmut: Mein erstes Aquarium. Tetra Verlag 1998.
Scott, Peter: Das Aquarienhandbuch. Bechtermünz Berlag 2000.
Tschiesche, Karl H: Mein Aquarium. KinderBuchverlag 1991.
Veit, Klaus: Mein Aquarium. Franckh-Kosmos Verlag 2000.
Vierke, Jörg: Das Aquarium - mein Hobby. Tipps zur Einrichtung und Zierfischhaltung. Landbuch Verlag 1998.
Wilkerling, Klaus: Die Aquarienfibel. Alles über Fische und Pflanzen im Süßwasseraquarium. Franckh-Kosmos Verlag 1992

Adressen

Deutschland:
Verband Deutscher Vereine für Aquarien- und Terrarienkunde e.V.
Luxemburger Straße 16
44789 Bochum

Österreich:
Österreichischer Verband für Vivaristik und Ökologie, Landesverband Niederösterreich
Langenlebarnerstraße 50
A-3430 Tulln

Schweiz
Verband Zoologischer Fachgeschäfte der Schweiz
Güterstraße 199
CH-4053 Basel

Bildnachweis

Gettyone Stone, München: 72 (Ian O'Leary); Image Bank, München: 82 (Tony Malmquist); Juniors, Senden: Titel, 19, 26, 30, 40, 43 u., 58 o., 87, 91 (A. Peither), 13 (Chr. Wyrwich), 60 (Chr. Steimer); Okapia, München: 78 (Y. Taviernier), 6, 70, 75 (Christine Steimer),32 (N.N.), 34, 35, 84, 89 (Hans Reinhard), 46 o. (Max Gibbs), 46 u., 58 u., 85 (Andreas Hartl); Paysan Klaus, Stuttgart: 43 o., 47 o., 49 u., 52 u., 55 u., 57 o., 67; Püttjer Thomas, Hamburg: Vor- / Nachsatz, 9, 15, 16, 17, 21, 24, 25, 28, 29, 36, 37, 39, 44, 45, 47 u., 48, 49 o., 50, 51, 52 o., 53, 54, 55 o., 57 u., 64, 77, 79; Südwest-Verlag, München: Kastenfond (Christian Kargl); Wildlife, Hamburg: 83 (G. Czepluch)

Register